세상의 존재하는 모든 암을 이기는 닥터 레시피

윤은이북
BOOK

세상의 존재하는 모든 암을 이기는 닥터 레시피

초판발행일 | 2015년 6월 1일
편　　저 | 오경희 吳慶熙
펴낸이 | 김민철
펴낸곳 | 도서출판 문원북

출판등록 | 1992년 12월 5일 제4-197호
전화 | (02) 2634-9846
팩스 | (02) 2635-9846
이메일 | wellpine@hanmail.net
ISBN | 978-89-7461-234-4

세상의 존재하는
모든 암을
이기는
닥터 레시피

오경희 吳慶熙 편저

문원북 BOOK

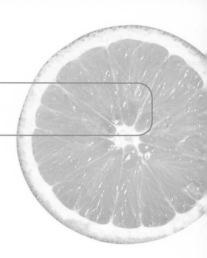

최근들어 유럽과 미국은 암으로 인한 사망자 수가 감소하고 있다고 합니다. 그러나 한국, 일본, 중국의 경우 반대로 암 환자가 증가하고 있습니다. 3명 중 1명이 암으로 사망하는 시대, 이는 비정상적이라고 해도 과언이 아닙니다.

일본의 경우 최근 암 수술을 2000건 중 5년 생존율은 52%에 불과하다고 합니다.
반이 넘는 환자가 수술 후 재발로 사망하는 현실에 직면하면서 수술만으로는 한계가 있다는 것을 알 수 있습니다.
그래서 한명이라도 더 많은 환자를 구하고 싶다는 염원 식사요법을 연구했습니다.

외국의 암 치료 비결은 국민의 식생활 개선, 즉 국민 영양지도 지침 정책과 이를 철저히 따라준 환자 자신의 믿음 이었습니다.

구체적으로는 현미식(외국에서는 배아를 포함한 통밀과 대량의 채소 · 과일 섭취)과 하루 다섯 접시의 채소 · 과일을 섭취하는 것입니다.
많은 양의 채소를 먹기 위해서는 신선한 주스가 필요합니다. 아침에 갓 만든 주스를 마시면 암 뿐만 아니라 다양한 질병을 개선할 수 있습니다.

그래서 건강한 생활을 유지하기 위해서도 식사요법 중 주스는 필수적이며, 암을 극복 하는데 도움이 된다고 믿으며 여러분의 쾌유를 빕니다.

목차

프롤로그
매일 마시는
주스로
암을 이기다

목차

제3장
암을 이기는
58가지 식품

목차

목차

매일 마시는 주스로 암을 이기다

주스가 암을 고쳤다!

유방암 재발, 전이암 치유

대사요법(식사요법)"으로 암이 치유되거나 호전된 사례가 많습니다. 그 가운데 매우 극적인 치유 사례를 소개하겠습니다.

처음으로 소개할 사례자는 유방암이 재발한 40세 여성입니다. 2003년 유방암이 발견되어 수술을 받았지만 2007년 재발했습니다. 항암치료에도 불구하고 오른쪽 쇄골을 중심으로 다섯 군데에 암이 전이된 것이 발견되어 당시 주치의는 완화의료를 제안했습니다. 식사요법을 병행했습니다.

대량의 채소주스를 마시고 동물성 식품과 염분을 제한하는 생활을 한지 약 3개월 후 검사하자 간으로 전이된 암이 사라졌으며, 1개월이 더 지난 후에는 뼈로 전이된 네 군데의 암도 사라졌습니다(다음 쪽 상단 이미지). 식사요법을 통해 면역력이 향상되어 방사선 치료의 효과가 더욱 좋아진 것입니다.

재발한 위암이 주스로 개선되었다

두 번째 사례자인 67세 남성은 2008년 진행성 위암 수술로 위를 전부 적출한지 1년 만에 세 곳에서 재발·전이암이 발견되었습니다. 항암제 치료를 실시함과 동시에 식사요법을 재검토한 결과 채소주스를 제대로 마시지 않았다는 사실이 밝혀졌습니다. 따라서 다시 채소주스의 필요성을 설명하고 주스를 마시게 하자 종양마커의 수치가 내려갔습니다.

1개월 후에는 종양마커의 수치가 기준치 밑으로 내려갔으며 CT 상 비장 쪽 암이 4cm에서 1cm로 줄어들었고 골반과 목의 림프절에 있던 전이된 암은 소멸되었습니다. 주스를 마신 영향으로 면역력이 향상되어 항암제의 효과가 최대화된 것입니다.

이러한 사례를 통해 주스를 중심으로 한 식사요법이 암에 얼마나 효과적인지 알 수 있습니다.

식사요법과 방사선 치료로 전이된 암 소멸

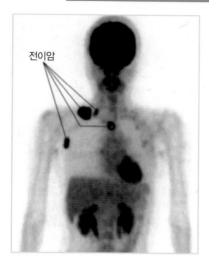

전이암

오른쪽 어깨에 전이된 암.

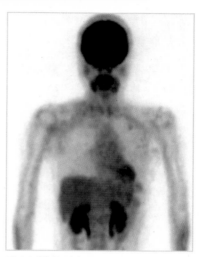

전이 4개월 후 암이 모두 소멸.

6개월 선고 받은 암이 개선!

2008년 가을 대장암 진단 이후 수술을 받은 A씨. 2009년 4월 간으로 전이된 것이 확인되었으며 7월에는 간에 4곳, 간장에 2곳으로 전이된 것이 발견되었다.

환자는 항암제 치료를 받지 않겠다고 결심한 상태여서 다른 치료법을 찾기 위해 여러 병원에서 친찰을 받았으나 항암제 이외의 치료방법을 찾지 못했다.

어느 병원에서는 "앞으로 6개월 밖에 살지 못한다"고 말하기도 했다.

그러나 중 환자의 아내는 식사요법 야채주스와 치료를 병행하였고, 그 후 결과 "간암은 PET 검사 결과 더 이상 전이돼지 않았다는 것을 알게 되었다.

간장암은 훨씬 어려우므로 식사요법과 병행해 동주화학요법을 위한 포트 설치술을 실시했고, 식사요법을 지속하면서 11월 부터 약 2개월 동안 간동맥 내 포트시스템을 통한 동주화학요법을 실시한 결과 종양마커의 CEA가 175에서 69로, CA 19-9가 244에서 56으로 개선되었다.

대표적인 암을 치유하는 식사요법

수많은 암을 치유하는 식사요법, 주축은 주스

와타요식식사요법은 수많은 암 식사요법 가운데 효과가 좋은 것으로 알려진 요법으로 채소·과일주스나 즙이 주축을 이루고 있습니다. 항암작용이 있는 항산화 물질을 효율적으로 섭취할 수 있는 간편한 방법이기 때문입니다.

거슨요법은 육류, 지방, 염분을 제한하고 채소, 과일을 대량 섭취함으로써 면역력을 향상시키는 식사요법입니다. 원래 결핵 치료요법으로 고안되었으나 결핵 뿐만 아니라 함께 발생한 암까지 치유된 환자가 있어 암 환자를 대상으로 지도가 시작되었으며, 1930년대에 암 식사요법으로 확립되었습니다. 현재까지도 세계적으로 잘 알려져 있는 식사요법입니다.

일본에서는 호시노 요시히코가 유명합니다. 호시노는 대장암 진단을 받은 후 암이 간으로 전이되자 유효한 치료법을 찾다 거슨요법에 도달했으며, 이를 적절히 정리해 호시노식 거슨요법을 확립했습니다.

코다요법은 일본에서 약 50년의 역사를 가지고 있는 식사요법입니다. 자연치유력을 높이기 위해 가공하지 않은 날것이나 자연에 가까운 것을 섭취하도록 하는 구리야마식 식사요법도 유명합니다. 미국에서도 자연식을 제안하는 내추럴 하이진(Natural Hygiene)이라는 자연주의 운동이 일어나고 있습니다.

많은 양의 채소를 먹으면 영양소를 효율적으로 섭취할 수 있다

채소, 과일을 효율적으로 많이 섭취하기 위해서는 주스로 만들거나 짜거나 갈아서 즙을 만드는 방법이 가장 좋습니다. 암 식사요법에는 주스가 필수적이라고 할 수 있습니다. 가공하지 않은 상태로 많은 양을 섭취할 수 있기 때문입니다. 항산화 작용을 하지만 손실되기 쉬운 비타민, 파이토케미칼도 주스로 만들면 영양소 파괴가 적어 효율적으로 섭취할 수 있습니다. 주스를 매일 마심으로써 암을 치료하고 재발을 방지합시다.

대표적인 암 식사요법

공통점	① 육류, 동물성 지방, 가공식품은 섭취하지 않는다. ② 자연식을 권장한다. ③ 채소, 과일은 생으로 먹는다. ④ 채소, 과일은 주스나 즙 등으로 만들어 섭취하는 경우가 많다.

와타요식 식사요법
- 외과의사인 와타요(1945~)가 다양한 식사요법을 참고해 고안.
- 염분, 동물성 식품을 엄격히 제한하고 현미식, 대량의 채소와 과일을 섭취한다.
- 주스를 하루 1.5~2ℓ 씩 마신다.
- 양질의 달걀(하루 1개), 요구르트(하루 300~500g), 꿀(하루 2큰술)을 섭취한다.
- 세부사항은 22쪽 참조.

거슨요법
- 1930년대에 독일인 의사 막스 거슨이 확립.
- 동물성 식품, 지방, 염분을 엄격히 제한하고 신선한 채소, 과일을 대량 섭취한다.
- 당근주스를 하루 13잔(총 2~3ℓ) 마신다.
- 일부 채소, 과일, 현미, 콩류, 견과류 금지.

호시노식 거슨요법
- 대장암이 간으로 전이된 정신과 의사 호시노 요시히코(1947~)가 거슨요법을 적절히 조절해 정리한 것.
- 당근주스는 하루 3회 이상 400㎖씩 마신다.
- 비타민제(비타민C)를 섭취하며 콩류, 견과류 OK.

코다요법
- 코다의원 원장인 코다 미쓰오(1924~2008)가 확립.
- 소식, 생채식, 단식요법 중심.
- 생채식은 현미가루, 녹즙, 뿌리채소즙 등을 가열하지 않고 생으로 섭취하는 것이다.

구리야마식 식사요법
- 코다의원 원장인 코다 미쓰오(1924~2008)가 확립.
- 자연식 연구가인 구리야마 키이치(1889~1986)가 제창.
- 인간은 자연적으로 발생한 것을 먹어야 한다(자연식)는 견해.
- 생수, 생채소, 과일 등을 섭취하는 자연식이나 자연에 가까운 음식이 좋다는 견해.

내추럴 하이진
- 1830년대 미국에서 일어난 자연주의 운동.
- 생채소, 과일을 중심으로 하는 자연식.
- 자연치유력을 높이는 식사를 목표로 한다.

17

암을 이기는 체질로 바꾸는 주스

암 치료가 목적이라면 최소 하루 1.5ℓ

거슨요법은 암을 치료하기 위해서는 하루 2~3ℓ 씩 대량의 주스를 마시도록 권장하고 있습니다. 약 6개월 동안의 아내의 암 투병기를 적은 미국 서적 〈A CANCER BATTLE PLAN〉(David J.Frahm)에도 1시간 간격으로 주스를 200㎖씩 마셨다고 쓰여 있습니다. 와타요식 식사요법 또한 하루 1.5~2ℓ 를 목표로 하고 있습니다.

항산화 물질, 비타민, 미네랄은 채소, 과일을 생으로 먹어야 손실이 적으며, 주스로 만들면 효율적으로 섭취할 수 있습니다. 갓 짜낸 주스는 체내 대사를 정상화해 면역력을 높여 줍니다. 채소, 과일에 함유된 비타민, 미네랄, 파이토케미칼 등은 과다 섭취에 따른 부작용이 거의 없으므로 되도록 많이 마시는 것이 좋습니다.

주스를 마시기 시작한 환자 가운데 설사를 하거나 체중이 일시적으로 감소하는 경우가 있으나 일정시간이 지나면 안정된다고 합니다. 설사나 체중 감소가 계속되는 경우에는 주치의와 상담하시길 바랍니다.

겨울철에 찬 주스를 마시면 몸이 차가워지는 분들은 미리 채소를 냉장고에서 꺼내 상온에서 보관한 후 주스를 만들거나 몸을 따뜻하게 해주는 생강을 첨가하면 됩니다. 여전히 차갑게 느껴지는 분들은 50% 가량을 수프로 만들어 따뜻하게 드십시오.

예방 목적이라면 하루 600㎖를 목표로

암 예방이 목적인 경우는 많은 양을 마실 필요는 없습니다. 하루 600㎖를 목표로 합시다. 하루 분량의 주스를 아침식사 대신 한 번에 다 마시거나 아침·저녁에 300㎖씩 나눠 마셔도 무방합니다. 라이프스타일에 따라 지속할 수 있는 방법을 찾으시길 바랍니다.

다만, 주스는 갓 짜낸 것을 마셔야 합니다. 미리 만들어 두면 주스의 메리트가 감소하기 때문입니다(38쪽). 일이 바쁘신 분들은 양질의 녹즙(113쪽)을 이용하면 좋습니다.

주스의 이점

| 대량의
채소·과일을
섭취할 수 있다 | 항산화 물질을
효율적으로
섭취할 수 있다 | 체내 대사를
원활하게 해
면역력을
높일 수 있다 |

대량의 주스는 항암제의 효과를 향상시킨다

하루 주스 권장섭취량

아침·점심·저녁 총 1.5~2ℓ

600 ㎖

| 암 치료
하루 1.5~2ℓ | 예방 목적
하루 600㎖ |

어려운 경우에는 최소 1ℓ 를 마시고,
나머지는 샐러드, 수프 등으로 섭취한다.

자신에게 무리 없이 지속한다.

주스 재료 베스트10!

매일 먹어야 하는 식재료

제3장 "암을 이기는 음식사전"에서는 암 예방에 좋은 식품들을 소개합니다.
디자이너 푸드 피라미드에서 "암 예방에 효과적인 식품"으로 소개되었거나 최근 연구를
통해 항암작용이 기대되는 것으로 부상한 식품들이 주류를 이루고 있습니다.
주스에 사용할 수 있는 채소(96~129쪽), 과일(136~143쪽)은 물론 곡류(90쪽),
알뿌리류(92쪽), 콩류(94쪽), 버섯류(130쪽), 종실류(134쪽), 어패류(144~147쪽),
닭고기 및 달걀(148쪽) 등을 엄선해 소개합니다. 이러한 식재료들을 균형 있게 섭취하도록
합시다.

주스용으로 적합한 채소 · 과일 베스트10

채소 중에는 양파, 파류, 부추 등 주스용으로 적합하지 않은 것들도 있습니다. 따라서
파류는 양념이나 샐러드로, 부추는 가열 · 조리해 섭취하도록 합시다.
이밖에 채소, 과일들은 대부분 주스의 재료로 적합합니다.
제철이거나 자신의 취향에 맞는 것을 섞어 주스를 만들어 봅시다. 어렵다면 제1장에서
소개하는 레시피를 참고하시길 바랍니다.
주스는 채소와 과일을 많이 섭취하는 것이 목적이므로 레시피를 완벽하게 따라할
필요는 없습니다. 자신이 좋아하는 맛에 맞춰야 마시기 쉬우며, 레시피에 구애 받다보면
만들기조차 귀찮아져 오히려 역효과가 발생할 수 있습니다.
자신의 취향에 따라 암 예방에 효과적인 채소, 과일을 효율적으로 섭취합시다.
또한 주스를 만들 때에는 맛이나 향이 편향되지 않도록 하는 것이 좋습니다.
다음에서는 주스에 적합하며 항암 작용이 기대되는 추천 재료 베스트10을 소개합니다.
여기에 꿀이나 요구르트를 첨가하면 더욱 맛있는 주스를 만들 수 있습니다.

주스용으로 추천하는 재료

하루 2개

레몬
(137쪽)

하루 1/4개

양배추
(96쪽)

하루 1~2큰술

프룬(농축액)
(140쪽)

하루 1/2개

사과
(136쪽)

하루 2개

당근
(104쪽)

하루 1개

피망
(116쪽)

하루 1개

토마토
(114쪽)

하루 50g

브로콜리
(97쪽)

하루 50g

겨자시금치
(99쪽)

하루 2큰술

꿀
(151쪽)

하루 300g

요구르트
(150쪽)

하루 10g

블루베리
(141쪽)

암을 예방하는 식사원칙 9가지

암의 원인은 식사와 큰 관련이 있다

암은 대부분 유전자 손상에 따라 발생합니다. 특히, 식사요법은 다음과 같은 사항에 주목합니다.

①염분 과다 섭취　염분을 과다 섭취하면 세포 내외의 미네랄 밸런스가 붕괴되어 암 리스크가 높아진다(168쪽). 따라서 염분을 제한하는 것이 중요하다.

②구연산회로의 이상　에너지를 만드는 구연산회로(164쪽)에 문제가 생기면 암이 발병·증식하기 쉬워진다. 따라서 암을 예방하기 위해서는 구연산회로가 원활하게 작동하도록 하는 것이 필수적이다(166쪽). 비타민B군, 구연산을 많이 함유하고 있는 식재료를 섭취하고, 매일 주스를 마셔 개선할 수 있다.

③활성산소에 따른 부작용　체내에서 에너지가 만들어질 때에는 유해한 활성산소가 발생한다. 체내에서 활성산소가 많이 발생하거나 제거하는 기능이 저하되면 암에 걸릴 확률이 높아진다(171~173쪽). 활성산소를 제거하는 항산화 물질을 섭취해야 한다. 항산화 물질은 채소, 과일에 함유되어 있으며, 폴리페놀, 플라보노이드, 카로티노이드가 대표적이다(80쪽). 주스를 대량 섭취함으로써 위험성을 낮출 수 있다.

④동물성 식품 과다 섭취　동물성 단백질 및 지질을 과다 섭취하면 암 발병이 촉진된다(170~173쪽). 암 식사요법은 사족보행 동물을 원칙적으로 금지하고 닭고기나 어패류를 조금씩 섭취하도록 한다.

철저한 식사요법으로 암 체질을 개선한다

식사요법은 앞서 언급한 사항들을 개선하기 위한 9가지 원칙을 기본방침으로 삼고 있습니다. 기본적으로 육식 중심에 염분을 과다 섭취하는 식습관을 개선하고 채소, 과일을 주스로 만들어 많이 섭취하도록 하고 있습니다. 다만, 소개된 음식들을 먹으면 100% 암이 발병하지 않거나 치료된다는 의미는 아닙니다. 암이 발병하기 쉬운 체질을 정산적인 상태로 회복시키는 것이 목표입니다.

암을 예방하는 식사원칙 9가지

① 무염식에 가깝게
- 염분 과다섭취는 체내 미네랄 밸런스 붕괴에 따른 발암 원인이다.

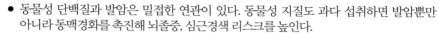

② 동물성 단백질 · 지질(사족보행동물) 제한
- 동물성 단백질과 발암은 밀접한 연관이 있다. 동물성 지질도 과다 섭취하면 발암뿐만 아니라 동맥경화를 촉진해 뇌졸중, 심근경색 리스크를 높인다.

③ 신선한 채소와 과일(무농약) 대량 섭취
- 채소, 과일에는 항암 작용을 하는 항산화 물질, 체내 미네랄 밸런스를 조절하는 칼륨이 풍부하게 함유되어 있으므로 주스로 만들어 하루 1.5~2ℓ 를 마신다.

④ 배아를 포함한 곡물, 콩류, 알뿌리류 섭취
- 배아에 함유된 비타민B군, 비타민E, 피트산, 콩류(대두)에 함유된 이소플라본 등은 항암 작용을 한다. 알뿌리류도 섭취하면 좋다.

⑤ 유산균(요구르트), 해조류, 버섯류 섭취
- 장내 환경을 조절하는 유산균(요구르트), 항암 작용을 하는 후코이단을 함유한 해조류, 면역력을 높이는 베타글루칸을 함유한 버섯류를 섭취하면 좋다.

⑥ 레몬, 꿀, 맥주효모 섭취
- 구연산회로를 정상적으로 작동하게 하는 레몬을 매일 2개 섭취한다.
- 백설탕은 피하고 꿀을 활용한다. 흑설탕도 괜찮다.
- 맥주효모로 만드는 에비오스(의약부외품)는 체내에서 이용하기 쉬운 단백질을 함유한다. 암 치료로 동물성 식품을 제한하고 있는 사람은 아침·저녁에 10정씩 총 20정을 섭취한다.

⑦ 기름은 올리브유나 참기름, 유채기름으로
- 식물성 지질도 과다 섭취하면 해가 되는 경우가 있다. 잘 산화되지 않는 올리브유, 참기름, 유채기름을 권장한다(134쪽).

⑧ 자연수 섭취
- 수돗물에는 발암물질이 함유되어 있다(176쪽).

⑨ 금주 · 금연
- 담배, 과도한 알코올은 암을 유발한다(182쪽).

섭취하면 좋은 것

많은 양의 채소·과일로 암을 예방하고 면역력을 향상시킨다

채소와 과일은 분명 많이 섭취해야 좋습니다. 특히, 무농약, 유기농이 좋습니다. 암을 치료하기 위해서는 주스를 하루 1.5~2ℓ 씩 마셔야 하는데 이때 대량의 채소와 과일이 필요합니다. 이렇게 많은 양의 채소와 과일은 생으로 먹기는 힘들지만 주스로 만들어 여러 차례로 나눠 마시면 큰 무리 없이 섭취할 수 있습니다.

채소와 과일에는 체내 미네랄 밸런스를 조절하는 칼륨, 구연산회로를 정상적으로 작동하게 하는 비타민B군, 항산화 작용을 하는 카로틴(비타민A), 비타민C, 비타민E, 카로티노이드, 폴리페놀 등이 함유되어 있습니다. 따라서 채소와 과일을 많이 섭취하면 대사이상이 개선되고 암이 억제되며 면역력도 향상됩니다.

현미, 버섯류, 해조류 등도 암 예방에 큰 도움

현미도 암 예방에 큰 도움이 됩니다. 발아현미에는 구연산회로(164쪽)에 필수적인 비타민 B군이 함유되어 있습니다. 현미식이 가장 이상적이지만 밥을 짓는 것이 수고스럽거나 향에 취약한 사람은 발아현미, 발아미 등을 사용해도 괜찮습니다. 빵이나 스파게티는 전립분으로 만든 것을 추천합니다(91쪽).

이밖에 콩류, 알뿌리류, 버섯류, 해조류, 꿀도 암 예방 및 면역력 향상에 도움이 됩니다. 닭고기나 어패류는 양에 유의하면서 질 좋은 것으로 적당량 섭취하길 바랍니다. 달걀, 요구르트도 마찬가지입니다.

암 치료가 목적인 경우는 엄격하게 제한해야 하나 예방이 목적인 경우는 완벽하게 따라하려다 오히려 귀찮아질 가능성이 있으므로 가능한 것부터 시작하길 바랍니다.

매일 주스를 마시는 것은 식사요법의 기본입니다. 우선 주스가 습관화되면 주식을 개선하고 닭고기나 어패류의 질에 유의하는 등 단계적으로 실행해 나갑시다.

섭취하면 좋은 것

대량의 채소 · 과일

치료 하루 최소 1.5~2ℓ . 반 정도는 샐러드, 수프로 만들어 먹어도 괜찮으나 주스를 적어도 1ℓ 섭취할 것. 이외에 채소 350~500g과 과일 섭취.

예방 주스는 하루 600㎖가 목표. 이외에 채소 350~500g과 과일 섭취.

현미 · 콩류 · 알뿌리류

치료 하루에 적어도 한끼는 현미식(발아미, 오곡미, 전립분 파스타 등). 콩류, 알뿌리류도 1일 1회 섭취.

예방 주 1~2회는 현미식. 콩류, 알뿌리류도 섭취.

버섯류 · 해조류 · 꿀

치료 1일 1회 섭취. 꿀은 1일 2큰술.

예방 가능한 한 섭취. 꿀은 1일 2큰술.

닭고기 · 달걀

치료 닭고기는 지방이 적은 가슴살을 최대 1일 1회. 분량은 일반적인 양의 절반으로 제한. 달걀은 질 좋은 것으로 1일 1개.

예방 닭고기는 특별히 제한 없음. 달걀은 질 좋은 것으로 1일 1개.

어패류

치료 흰 살 생선(가자미, 넙치, 대구 등), 등 푸른 생선(정어리, 전갱이, 고등어, 꽁치 등), 갑각류(새우, 오징어, 문어, 게 등), 조개류(바지락, 대합, 굴 등)를 최대 1일 1회. 일반적인 양의 절반으로 제한.

예방 특별히 제한 없음. 참치나 가다랑어 등 붉은 살 생선은 과식하지 않도록 한다.

요구르트

치료 질 좋은 것으로 1일 300~500g.

예방 질 좋은 것으로 1일 300g.

레몬

치료 1일 2개.

예방 1일 2개.

섭취하지 말아야할 것

암 체질은 식습관에서 비롯된다

식생활 혼란 등의 영향으로 암 체질이 된 경우는 이를 개선하기 위해 나쁜 습관을 고쳐야 합니다.

따라서 엄격한 제한이 필요합니다. 암 예방이 목적이라면 가능한 만큼 실행하길 바랍니다. 동물성 단백질·지질(소, 돼지, 양 등 사족보행 동물)과 염분은 섭취량을 가능한 한 줄이는 것이 좋습니다. 동물성 단백질은 반년에서 1년간 섭취를 금지하고, 염분은 되도록 섭취하지 않도록 합니다. 절임이나 명란젓 등 염장식품은 피하고, 조미료로 소금을 사용하지 않도록 합니다. 화학조미료 또한 글루타민산나트륨으로 "짜지 않은 소금"이기 때문에 피해야 합니다.

동물성 지방 덩어리인 라드, 버터 등도 절제합니다. 버터 대신 사용하는 마가린도 피해야 할 식품 중 하나입니다. 마가린, 과자, 쇼트닝, 감자튀김, 가공치즈 등은 가공하는 과정에 트랜스지방산이 생깁니다. 트랜스지방산은 LDL콜레스테롤을 증가시켜 동맥경화를 촉진하고 면역기능을 저하시키므로 발암 위험성이 있는 것으로 지적되고 있습니다. 따라서 트랜스지방산을 함유한 식품은 피하는 것이 좋습니다. 가공식품은 식품첨가물의 위험성도 가지고 있으므로(188쪽) 가능한 한 섭취하지 않도록 합시다.

가공하지 않은 자연식품이 몸에 좋다

동물성 지방, 염분, 가공식품 등을 피하는 것은 매우 어려운 일입니다.

특히, 예방이 목적일 경우에는 더욱 엄격하게 느껴지겠지요. 그러므로 몸에 좋은 것(24쪽)을 많이 섭취하도록 합시다. 또한 금연과 금주는 대원칙입니다(182쪽).

섭취하지 말아야할 것

동물성 단백질 · 지질(사족보행 동물)

치료 6개월~1년 금지.

예방 주 2~3회 정도 닭고기, 어패류를 균형 있게 섭취.

염분

치료 염도를 가능한 한 0%로 줄인다.

예방 1일 4g 이내로 제한(1일 6g으로 제한하는 고혈압
치료식 레시피 참고)

버터 · 마가린

치료 되도록 피한다.

예방 과다 섭취하지 않도록 주의한다.

가공식품

치료 되도록 피한다.

예방 과다 섭취하지 않도록 주의한다.

담배

치료

예방 금연이 원칙.

술

치료 6개월~1년 금주.

예방 과음하지 않도록 주의한다.

암을 이기는 식사요법의 기본방침

암이 진행될수록 식사요법이 중요한 열쇠

식사요법은 환자의 증상에 따라 실천방법이 다릅니다. 이미 암의 증상이 나타난 경우에는 하루라도 빨리 식사요법을 시작해야 합니다. 암이 진행될수록 식사요법이 차지하는 비중이 높아집니다.

일반적으로 암은 다음과 같이 분류됩니다(주류인 상피성 암의 경우).

- 0기(암세포가 점막 내에 머무르고 있음)
- 1기(암세포가 침윤했으나 림프절에는 전이되지 않음)
- 2기(암세포가 가까운 림프절에 전이)
- 3기(암이 가까운 장기에 퍼져 먼 림프절까지 전이)
- 4기(암이 더욱 깊게 침윤해 멀리 떨어진 장기에도 전이)

0~1기를 초기암, 2~3기를 진행암, 4기를 말기암이라고 합니다. 각 단계에 적합한 식사요법의 포인트를 다음 쪽에서 소개합니다.

림프구 수치가 치료 효과를 좌우한다

식사요법은 식사를 개선함으로써 환자의 면역력을 높이는 데 목적이 있습니다. 33쪽에서 소개할 치료 성적에 따르면, 식사요법을 철저히 실시하면 암 체질이 개선되어 암이 치유, 개선된 것으로 나타납니다. 하지만, 안타깝게도 식사요법이 모든 사람에게 유효하지는 않습니다. 이는 식사요법의 효과를 보지 못하고 사망한 환자의 수를 통해 확인할 수 있습니다.

면역의 주축을 담당하는 림프구 수치를 식사요법의 효과가 기대되는 기준으로 파악하고 있습니다. 림프구 수치가 1300개/㎣ 이상이면 80% 이상이, 1000개/㎣ 이상이면 60~70%가 개선되며, 700개 이하로 떨어지면 효과가 잘 나타나지 않는다고 합니다. 림프구 수치는 의료기관에서 혈액검사를 통해 알아볼 수 있습니다. 현재 암이 발병해 식사요법 시작 여부를 고민하고 있는 분들은 우선 림프구 수치를 알아보시길 바랍니다. 다만, 암은 식사로만 치료할 수 있는 것이 아닙니다. 적절한 치료(수술, 방사선 치료, 항암치료 등)와 병행해야 효과가 나타납니다. 비전문가가 아니라 식사요법에 능통한 의사의 지도에 따라 실시하는 것을 추천합니다.

진행단계 별 식사요법 포인트

예방
- 채소·과일을 대량 섭취한다. 아침 주스 권장(하루 최소 600㎖ 이상)
- 소금은 하루 4g 이내로 제한한다. 사족보행 동물(소·돼지·양 등)은 최대 하루걸러 섭취하도록 한다.
- 동물성 식품은 닭고기, 달걀, 어패류(붉은 살 생선 제외) 등으로 섭취한다.
- 암 예방에 좋은 음식을 적극적으로 섭취한다.

초기암
- 적절한 치료와 식사요법(22쪽)을 병행한다. 주스는 매일 1.5~2ℓ . 초기암은 대부분 3대 요법(30쪽)으로 치유할 수 있다.
- 식사요법을 병용함으로써 재발 리스크를 낮출 수 있다.

진행암
- 되도록 빨리 식사요법(22쪽)을 시작한다. 주스는 매일 1.5~2ℓ .
- 식사요법의 비중이 높지만 3대 요법(30쪽)도 가능한 한 실시한다.
- 항암제 치료는 면역력을 저하시킬 위험이 있으므로 주의한다.

말기암 · 전이 · 재발
- 유효한 수단은 식사요법(22쪽). 주스는 매일 1.5~2ℓ .
- 가능한 만큼 치료를 실시하면서 식사요법을 철저히 실시한다.
- 정기적으로 검사를 받으면서 식사요법을 지속하는 것이 중요하다.

아침·점심·저녁 총 1.5~2ℓ

3대 요법과 함께 실천하기

3대 요법과 병용해 효과를 높인다

진행암, 말기암은 식사요법이 큰 역할을 차지합니다.

그러나 식사요법은 어디까지나 환자가 보유하고 있는 자연치유력을 향상시키고 의학적 치료 효과를 최대화하는 데 불과합니다.

실제로 손을 댈 수 없는 암세포가 축소되거나 없어진 사례가 있지만 절대로 의학적 치료를 소홀히 해서는 안 됩니다.

암의 3대 요법은 "수술", "항암제 치료", "방사선 치료"입니다. 이밖에도 암세포에 혈액을 보내는 동맥에 항암제를 직접 투여하는 "동주화학요법", 에탄올을 주입해 암세포를 죽이는 "에탄올 주입요법", 암세포에 영양을 보내는 동맥을 막아 암세포를 죽이는 "동맥 색전술", 유방암 및 전립선암 대상인 "호르몬요법" 등 다양한 치료법이 있습니다.

다만, 이러한 치료는 암세포 뿐만 아니라 환자에게도 악영향을 미치는 단점이 있습니다. 수술로 장기가 손상될 수 있으며, 항암제나 방사선은 암세포 뿐만 아니라 정상적인 세포도 공격하기 때문입니다.

최근에는 되도록 환자에게 부담을 주지 않는 치료를 실시하고 있으나 치료로 다소간의 손상을 입는 것이 사실입니다.

체력과 면역력을 고려한 적절한 치료가 중요하다

그럼에도 불구하고 눈에 보이는 암은 확실히 제거해야 합니다. 체력과 면역력이 떨어지지 않는 한에서 치료하는 것이 이상적이겠지요.

여기에서 식사요법이 큰 역할을 합니다. 식사를 개선하면 암 체질이 개선됩니다. 더욱이 면역력도 높아져 치료로 손상된 정상세포들을 회복시키는 데 도움이 됩니다. 의학적 치료와 식사요법을 잘 조합하면 보다 높은 치료 효과를 기대할 수 있습니다. 또한 암 체질을 개선해 재발, 전이 리스크를 낮추기 위해서도 식사요법을 지속하는 것이 중요합니다.

수술

- 암세포를 절제해 제거한다.
- 예전에는 개복해 암세포가 있는 부분을 제거하는 "외과수술"이 주류였다.
- 최근에는 몸에 미치는 영향을 최소화하기 위해 미개복 수술이 늘어났다.
- 소화기관에 내시경을 삽입해 끝에 달린 기구로 암세포를 절제하는 "내시경 수술", 복부 및 흉부에 직경 1㎝ 정도의 구멍을 낸 후 기구를 삽입해 암세포를 절제하는 "복강경 수술", "흉강경 수술" 등이 있다.

항암제 치료

- 항암제라는 약제로 암세포를 공격한다.
- 항암제는 종류가 다양하며, 암세포의 증식을 억제하거나 축소시킬 수 있다.
- 다양한 종류의 항암제를 병용하거나 암세포만 공격하는 항암제(분자 표적 치료제)가 개발되고 있다. 동주화학요법도 항암제 치료의 일종.
- 부작용이 심하므로 과다 사용하면 면역력이 저하된다.
- 와타요 의사는 항암제 치료 기준을 "백혈구 수치 3000~4000개/㎣ 이상", "림프구 수치 1000개/㎣ 이상"으로 설정하고 미달하면 무리한 항암제 치료를 실시하지 않는다. 식사요법의 효과를 보기 쉬운 수치는 림프구 1000~1300개/㎣ 이상.

방사선 요법

- X선, γ선, 전자선 등 방사선을 암세포에 조사해 사멸시킨다.
- 암세포 유전자에 손상을 입힌다.
- 암세포를 사멸시키고 정상세포가 회복될 수 있는 정도의 방사선을 조사하는 것이 포인트.
- 발암 부위에 따라 상이하나 CT로 병소를 찾아 조사하는 방법, 몸을 고정해 핀포인트로 조사하는 "정위 수술적 조사", "체간부 정위 조사", 병소 및 그 근처에 방사성 물질을 투입해 체내에서 조사하는 "소선원 치료" 등이 있다.

식사요법으로 60% 이상 치유·호전

60% 이상의 치유 · 호전율을 자랑하는 와타요식 식사요법

지금까지 식사요법의 치료성적은 유효율 61.5%입니다. 완치된 사례가 19건, 호전된 사례가 77건에 달했습니다. 조사대상은 소화기암을 중심으로 한 156건으로, 약 50%는 수술이 불가능한 진행암이었으며, 약 40%는 재발하거나 떨어진 장기로 전이된 상태였습니다. 이러한 진행암의 치료성적이 60% 이상에 달하는 높은 유효율을 보인 사례는 식사요법 이외에서는 찾아볼 수 없습니다.

암 치료에 식사요법을 도입한 계기

앞으로 몇 개월 밖에 살지 못한다는 진단을 받은 환자의 암세포가 사라지거나 선고 받은 여생보다 더 길게 건강한 삶을 살거나 기적 같은 회복세를 보이는 환자가 있습니다.

와타요 의사도 실제로 이러한 환자들을 보고 암에 대한 견해가 바뀌었습니다.

1994년 완치가 불가능할 정도로 간암이 진행된 환자가 식사요법을 철저하게 실천한 결과 1년 반 후 병소가 깨끗이 사라진 것이 첫 번째 계기였습니다.

이밖에도 식사요법을 통해 암이 축소되거나 개선된 사례를 여러 차례 경험하면서 특수한 사례가 아니라는 것을 깨닫기 시작했고, 이후 다양한 암 식사요법을 참고해 식사요법을 고안 · 실천했습니다.

아울러 2002년 실시한 5년 생존율 조사 결과도 영향을 미쳤습니다. 당시 근무했던 도립병원에서 소화기암 환자의 5년 생존율을 추적 조사한 결과(5년 생존율이란 치료 후 5년이 지나고 나서까지 생존해 있는 환자의 비율로 암 치료의 기준이 되는 수치) 가장 높은 대장암이 68%, 위암이 47%, 간암이 35%, 췌장암이 9%로, 평균 52%에 불과했습니다.

수술을 해도 5년 후에는 약 50%에 달하는 환자가 사망하는 현실에 놀라 식사요법의 연구와 실천에 더욱 힘을 기울였습니다.

식사요법의 치료결과

증상(사례수)	완치	호전	변화 없음	진행	사망
식도암(7)	2	2	0	1	2
위암(20)	2	9	0	1	8
간암(4)	2	1	0	0	1
췌장암(11)	1	4	0	2	4
담도암(8)	0	3	0	1	4
대장암(45)	3	22	1	1	18
전립선암(12)	4	6	0	0	2
유방암(16)	1	9	1	1	4
악성 림프종(9)	1	7	0	0	1
기타(24)	3	14	0	2	5
합계(156)	19	77	2	9	49

소화기암의 수술 후 5년 생존율

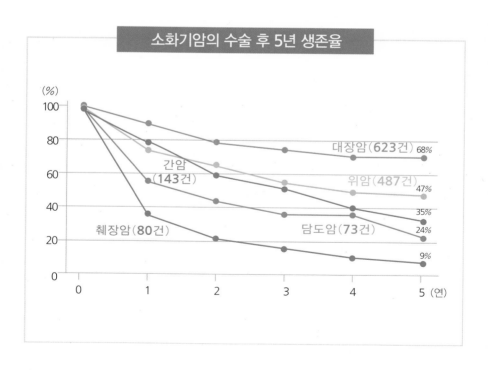

100일 동안 암을 이기는 체질로 개선

체질 개선에는 시간이 필요하다
매일 주스 마시는 습관을 들이자

암을 유발하는 대사이상은 곧 바로 개선되지 않습니다. 장기간 정착된 식생활로 인해 상태가 나빠진 것이므로 정상으로 회복하기까지는 당연히 상당한 시간이 소요되겠죠. 체질을 개선하기 위해서는 우선 100일을 목표로 합시다. 100일 정도 시간을 들이면 체내 세포가 다시 생성되고 체질이 변해 정상적인 상태로 회복됩니다.

암 환자 중에는 식사요법을 지속하면 미각이 변해 고기나 짠 음식을 먹을 수 없게 되는 분들이 많다고 합니다. 몸에 좋은 식사를 계속하면 미각도 본래 상태로 돌아가 몸에 맞지 않는 것을 피하게 되는 것이겠죠.

또 식사요법으로 인해 암이 축소됨으로써 피부의 기미가 옅어졌다는 환자도 있습니다. 기미는 신진대사량이 높아지면 자연적으로 옅어지므로 이 또한 대량의 주스에 따른 좋은 영향이라고 할 수 있습니다. 식사가 세포의 대사에 얼마나 큰 영향을 미치는지 알 수 있습니다.

예방이 목적이라면 매일 주스를 거르지 않도록

암 예방이 목적인 경우에는 동물성 단백질·지질, 염분 등을 엄격하게 제한하지는 않아도 됩니다. 다만, 최소한 주스는 매일 마시기를 바랍니다. 주스를 통해 비타민, 미네랄, 항산화 물질을 섭취하면 식생활이 다소 혼란스럽더라도 면역력이 높아져 암을 억제할 수 있습니다. 그러나 원래부터 체력이 약해 면역력이 낮은 사람이나 고령자는 식사에 더욱 주의를 기울여야 합니다.

그러나 어디까지나 상식적인 범위 내의 식사를 할 때에만 해당되는 이야기입니다. 사족보행 동물을 원하는 만큼 먹거나 염분을 전혀 신경 쓰지 않고 섭취하거나 가공식품만 먹으면 아무리 주스를 마셔도 커버되지 않습니다.

현대는 포식의 시대라고 지칭되고 있으나 과다 섭취하고 있는 것은 병을 초래하는 단백질 및 지질, 염분 등에 불과하고 정말 필요한 비타민, 미네랄은 부족합니다. 그러므로 이를 보충하기 위해 매일 주스를 마셔야 합니다.

제1장

암을 이기는
체질 개선을
위한 주스
12종류

오늘부터 시작하는 주스 생활

건강 유지, 암 예방을 위해 매일 600㎖ 이상 주스 마시기

암을 치료하기 위해서는 주스를 하루에 1.5~2ℓ 씩 마셔야 하지만 건강 유지 또는 암 예방이 목적일 때에는 600㎖씩 마시면 됩니다. 한꺼번에 마시지 않고 아침·저녁으로 나눠 마시거나 200㎖씩 여러 번으로 나눠 마셔도 상관없습니다.
식물성 비타민, 파이토케미칼은 과다 섭취에 따른 부작용이 거의 없기 때문에 많이 마셔도 전혀 문제가 발생하지 않습니다.
그러나 사과, 귤 등 과일이 많이 들어있는 음료를 지나치게 많이 마시면 과당 과다 섭취로 비만이 될 가능성이 있습니다. 비만 가능성이 있는 사람은 밤에 과일이 많이 들어있는 주스를 마시지 않는 편이 좋습니다.

주스 재료는 취향대로 제철 채소나 과일 활용

어떤 주스를 마셔야 할지 고민하는 분들이 계실지도 모르겠습니다. 기본적으로는 신선한 채소, 과일이라면 무엇이든 상관없습니다.
포인트는 항산화 물질, 항암 작용을 하는 물질을 함유한 것을 선택하는 것입니다. 21쪽에 추천 재료를 소개했으므로 참고하시길 바랍니다.
제3장에서는 암 예방 효과가 높은 음식을 소개합니다. 미국 국립암연구소가 설계한 "디자이너 푸드 피라미드(암 예방에 효과가 있는 식품)"에 게재된 음식과 최근 연구를 통해 항암 작용을 하는 것으로 밝혀진 것, 오래전부터 건강 유지에 효력이 있는 것으로 알려진 것을 엄선해 소개하므로 참고하시길 바랍니다.
또 40쪽에는 매일 마시는 주스, 44~61쪽에는 21쪽과 제3장에서 소개한 채소 및 과일을 사용한 주스 레시피를 게재합니다. 이를 참고하면서 자신의 취향에 맞는 주스를 선택해 마시도록 합시다. 익숙해지면 제철 채소 및 과일을 적당히 조합해 직접 레시피를 만들어 다양하게 마셔 보길 바랍니다.

(포인트1) 예방은 하루 600㎖ 이상, 치료는 1.5~2ℓ 마시기

- 발암 또는 재발을 예방하기 위해, 그리고 치료 효과를 높이기 위해서는 매일 주스를 마시는 것이 중요하다.
- 한 번에 마시는 양은 몸의 상태에 맞춘다.
- 과다 섭취는 문제가 없다. 항암 작용을 할 뿐만 아니라 생활습관병 예방, 면역력 향상에도 도움이 된다.

(포인트2) 항산화 작용이 강하고, 항암 작용을 하는 재료를 선택

- 배추과, 미나리과, 가지과 채소, 감귤류에는 항산화 물질이 많이 함유되어 있다.
- 21쪽에 게재된 추천 재료 10가지 외에 제3장에 소개된 채소, 과일을 활용하면 항암 작용이 더욱 향상된다.
- 장기간 지속하기 위해서는 자신의 취향에 맞는 채소, 과일을 선택하는 것이 중요하다.

(포인트3) 제철 채소, 과일을 활용한다

- 제철을 맞은 채소, 과일에는 다른 계절에 비해 영양소가 많이 함유되어 있다.
- 유통량이 많아지므로 가격도 다른 시기에 비해 저렴하다.
- 특히, 무농약·유기농 재배된 것을 추천한다.

갓 만든 주스가 좋은 이유

주스는 만들어서 바로 마시기

암시판되고 있는 채소·과일주스가 많이 있음에도 불구하고 굳이 직접 만들어 마시는 데에는 이유가 있습니다.

항산화 물질은 체내 산화를 막는 항산화 작용을 함과 동시에 산소와 접촉하거나 열을 가하면 파괴되는 성질을 가지고 있습니다. 따라서 과일, 채소에 함유된 영양소를 효율적으로 섭취하기 위해서는 수확하자마자 바로 먹는 것이 무엇보다 중요합니다. 키위, 바나나 등 수확기보다 일찍 거두어들인 다음 완전히 익히는 경우도 있으나 대부분 수확했을 때 항산화 활성이 가장 높은 것으로 알려져 있습니다. 저온에서 보관하면 산화가 억제되므로 바로 먹지 않을 경우에는 구입 후 냉장고에 보관하도록 합시다. 수돗물에 함유된 염소도 비타민C, 항산화 물질을 파괴하는 성질이 있습니다. 껍질을 벗기지 않은 상태로 보존하고 잘 씻어 먹어야 합니다.

비타민C 및 항산화 활성 실험결과

시간이 경과함에 따라 주스에 함유된 성분이 어떻게 변화하는지 등을 조사한 결과를 다음 페이지에 소개합니다. 일본 동경농업대학 국제농업개발학과 열대원예연구실에서 진행한 연구입니다.

정해진 조건으로 주스를 만든 후 ①비타민C 함량, ②총 페놀 함량(주스에 함유된 항산화 물질의 총량), ③항산화 활성이 시간이 경과함에 따라 어떻게 변화하는지를 측정했습니다. 시간과 관련이 깊은 것은 비타민C 함량으로, 비타민C는 시간이 지날수록 양이 감소한 것으로 나타났습니다. 참고로 시판되고 있거나 가열처리한 주스의 비타민C 함량은 갓 만든 주스의 1/3 수준에 불과했습니다.

총 페놀 함량, 항산화 활성은 시간과 큰 관련이 없으나 수용성 비타민은 파괴되기 쉬우므로 바로 먹는 편이 좋다고 할 수 있습니다.

실험내용

- 41쪽에서 소개한 채소주스를 주스기로 만들어 시간이 경과함에 따라 ①비타민C 함량, ②총 페놀 함량(주스에 함유된 항산화 물질의 총량), ③항산화 활성이 어떻게 변화하는지 측정했다.
- 1회 분량의 재료는 당근 1개(160g), 양배추 1/8개(200g), 피망 1/2개(17g), 사과 1/2개(130g)이며, 자몽 1/2개와 레몬 1개의 즙 150㎖, 꿀 2.5g을 첨가했다.
- 실험 결과의 정확도를 높이기 위해 각 항목 당 3회씩 실험을 실시해 평균치를 구했다.

실험방법과 결과

① 비타민C 함량

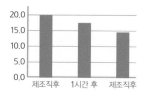

- 주스를 원심분리기로 돌린 후(3000G·5분) 상층액을 소형 반사식 광도계 시스템으로 측정.
- 시간이 경과함에 따라 비타민C 함량이 줄어든 것으로 나타났다.

② 총 페놀 함량

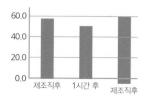

- 주스에 함유된 총 페놀 함량을 클로로겐산 상당량으로 산출(Folin-Denis법). 페놀물질은 수용성 항산화 물질. 100g당 프룬 50mg, 사과 30mg 정도.
- 100g당 55~70mg 정도의 페놀이 함유되어 있다. 시간 경과에 따라 증감.

③ 항산화 활성

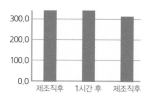

- 항산화 활성이란 물질을 산화시키지 않는 힘이 어느 정도인지를 나타내는 수치.
- 100g당 항산화 활성(DPPH 활성)은 350 μmol 정도. 시간과는 관계가 없는 것으로 나타났다. 주요 재료의 DPPH 활성은 100g당 프룬 300 μmol, 사과 270 μmol, 토마토 200 μmol 정도.

암을 이기는 건강주스 제조방법

매일 마시는 주스

오랫동안 암 환자를 치료하고 치료법을 연구하면서 주스의 암 치료효과를 실감하고 있는 매일 직접 주스를 만들어 마십니다. 매일 마시는 과일주스의 재료는 사과 1개, 자몽 2개, 레몬 2개, 꿀 1~2큰술입니다. 여기에 주 2~3회 정도 양배추 1/4개, 당근 2개, 피망 1개 등을 더한 채소주스를 마십니다. 겨자시금치, 토마토, 셀러리, 브로콜리 등 제철채소를 추가하기도 합니다.

특히, 레몬을 좋아해 가족의 레몬 소비량은 월간 300개를 넘습니다. 저는 외국에서 레몬 묘목 10개를 가져와 자택의 정원에 심었을 정도입니다. 다만, 레몬 수확량은 1그루당 1~2개 밖에 되지 않는다고 합니다. 그러니 이 레몬으로 만든 주스는 매우 각별하겠죠.

제가 500㎖를 마시고 나머지는 가족들이 나눠 마십니다. 처음에는 주스의 건강효과에 반신반의했던 가족들도 암 환자들의 치료 성과를 직접 본 후에는 좋아하며 마시고 있습니다. 점심에는 요구르트와 사과를 먹거나 샐러드에 과일을 더해 먹거나 합니다. 저녁식사도 보통 하지만 아침과 점심만으로도 채소와 과일을 충분히 섭취한다는 것을 알 수 있습니다.

노안은 아직, 바빠도 건강하다

저는 진찰뿐만 아니라 강연회, 집필활동, 인터뷰 등 바쁜 나날을 보내고 있으나 병다운 병에 걸린 적이 거의 없습니다. 50세를 넘어선 즈음부터 평상 외과의로 메스를 잡기 위해 식생활을 건강을 유지할 수 있는 쪽으로 바꿨기 때문입니다. 그래서 60세를 넘은 지금까지도 노안이 오지 않았다고 합니다.

채소, 과일의 항산화 작용으로 노화가 억제되고 있기 때문이겠죠. 암 환자는 물론 건강한 사람에게도 주스가 도움이 된다는 것을 스스로 증명하고 있습니다.

1. 주스 재료

매일 마시는 과일주스

사과 1개, 자몽 2개, 레몬 2개,
꿀 1~2큰술.

주에 2~3일 마시는 채소주스

양배추 1/4개, 당근 2개, 피망 1개
(이밖에 제철채소가 들어가기도 한다)

2. 주스 제조방법

과일은 전날 밤부터 물에
담가둔다. 껍질에 남아있는
농약을 제거하기 위해.

채소도 마찬가지로 전날 밤
부터 물에 담가 오염, 농약을
제거. 정수라면 영양 손실이
적다.

사과는 절반만 껍질을 벗긴다.
껍질에 함유된 폴리페놀을
제거하기 위해.

자몽과 레몬은 스퀴저로
짜④와 섞는다.

모든 재료를 주스기 투
입구에 들어갈 크기로
자른다. 주스기로 주스를
만든다.

3. 완성

과일주스

약 500㎖

과일 · 채소주스

약 800㎖

매일 아침 500㎖씩 마신다.

맛있는 주스를 만드는 포인트

사전 준비를 통해 더욱 맛있게 만들기

건강을 위한 주스이지만 매일 마시므로 맛있는 것이 당연히 좋겠죠.
주스를 만들 때에는 신선한 채소, 잘 익은 과일을 사용하도록 합시다. 채소·과일 자체의
단맛을 살릴 수 있습니다. 또 제철인 것은 영양이 풍부하고 맛이 좋으며 다른 시기에 비해
가격이 저렴하므로 이점이 많습니다. 잎채소는 뿌리 쪽을 물에 담가 자르면 수분이 잎
끝부분까지 전해져 보다 맛있는 주스를 만들 수 있습니다.
채소·과일의 껍질은 맛이나 농약 때문에 제거하는 편이 좋지만 영양이 껍질에 많이
함유되어 있는 것도 있습니다. 따라서 무농약 또는 유기농 채소·과일을 껍질째 먹는 것이
가장 좋은 방법입니다. 하지만, 가격이 비싸므로 자신의 기호에 따라 어느 쪽을 우선시할지
선택하도록 합시다.

재료 조합이 맛의 포인트

40쪽에서 소개한 건강주스는 물론 44~61쪽에서 레시피를 소개할 주스는 암 예방 및
면역력 향상에 도움이 되면서 맛 또한 좋습니다. 재료는 제철이거나 취향에 맞는 것으로
대체할 수 있습니다. 대체 시 포인트는 겨자시금치를 청경채로 바꾸는 등 같은 잎채소로
대체하거나 귤, 오렌지 등 맛이 비슷한 것으로 대체하는 것입니다.
특히, 사과와 레몬은 주스를 무엇보다 맛있게 만들어 주는 재료입니다. 사과와 레몬은
항산화 작용이 강해 암 예방에 효과적일 뿐만 아니라 맛까지 끌어올려 줍니다. 사과는
적절한 산미와 단맛, 담백한 맛을, 레몬은 산뜻한 맛과 좋은 향을 더해줍니다.
좋아하는 채소와 사과, 레몬을 베이스로 다른 채소나 과일을 첨가해 자신만의 독창적인
주스를 만들어 봅시다.

1. 만들기 전 포인트

신선한 재료를 선택한다.
무농약, 유기농 제철 채소·과일을
사용하면 더욱 좋다.

잎채소는 미리 물에 담가 둔다.

2. 맛있게 만들어 주는 재료

사과의 적당한 산미와 감미가 맛을
향상시켜 준다.
항산화 작용도 한다.

레몬의 산미가 맛을 산뜻하게 만든다.
향도 좋아진다.
하루 권장섭취량은 2개.

3. 만들어서 바로 마시기

영양 면에서 뿐만 아니라 맛도 갓
만든 주스를 바로 마시는 것이
가장 좋다.

그린주스

매일 마셨으면 하는 암 대책의 필수품 주스

기본적인 그린주스는 암 예방 효과가 높은 겨자시금치와 양배추를 베이스로 합니다. 사과와 레몬을 첨가함으로써 푸른 채소 특유의 냄새나 쓴맛이 전혀 느껴지지 않기 때문에 마시기 쉬운 주스입니다. 카로틴, 비타민C를 가득 함유한 대표적인 건강주스라고 할 수 있습니다. 푸른 채소는 몸을 차갑게 하는 성질이 있으므로 겨울철에나 냉증이 있는 사람은 생강을 첨가합시다.

(기본주스)

재료의 특성

겨자시금치

카로틴과 비타민C가 풍부하고, 구연산회로를 정상적으로 작동하게 하는 비타민B군을 함유한다. 항암 작용도 한다.

겨자시금치→P99, 카로틴→P73, 비타민C→P73

양배추

항암 작용을 하는 이소티오시아네이트, 과산화 효소를 함유한다. 비타민C도 풍부해 활성산소의 부작용을 억제한다.

양배추→P96, 이소티오시아네이트→P81, 비타민C→P73

사과

폴리페놀과 펙틴이 풍부해 암 예방에 효과적이다. 장내 환경을 조절해 면역력을 향상시킨다.

사과→P136, 폴리페놀→P80, 펙틴→P79

레몬

비타민C를 많이 함유하고 있고, 항산화 작용이 매우 강하다. 구연산이 미네랄을 흡수하기 쉽게 만드는 등 항암, 면역력 향상에 좋다.

레몬→P137, 비타민C→P73, 구연산→P82

녹황색 채소의 카로틴이 듬뿍

〔재료〕(약 200㎖ 분량)

겨자시금치	30g
양배추	100g
사과	100g
레몬	1개

〔제조법〕

①겨자시금치는 씻어서 뿌리를 제거한다. 사과는 잘 씻어 심지를 제거하고 반만 껍질을 벗긴 후 적당한 크기로 자른다.

②레몬은 잘 씻어 가로로 반 잘라 스퀴저로 과즙을 짠다.

③레몬을 제외한 재료들을 주스기로 간다. 겨자시금치는 뿌리부터, 양배추는 둘둘 말아 넣으면 된다. ②를 넣어 섞는다.

그린주스의 겨자시금치 대신 다른 채소를 넣어도 무방합니다. 여기에 게재된 것뿐만 아니라 제철이거나 자신이 좋아하는 채소 · 과일로 대체해 나만의 주스를 만들어 봅시다.

≪ 겨자시금치 대신 ≫

물냉이 50g

■ 제조법
깨끗이 씻고 물기를 제거한 후 뿌리 쪽부터 주스기로 간다.
■ 특성
카로틴, 비타민C를 대량 함유하고 있으며, 항산화 작용이 강하다. 매운 성분인 시니그린은 면역력을 높인다.→P128

몰리키아(잎만) 50g

■ 제조법
깨끗이 씻고 물기를 제거한 후 잎을 뜯어 둥글게 뭉쳐 주스기로 간다.
■ 특성
대부분의 식물성 영양소를 함유한다. 항암 작용, 면역력 향상에 도움이 된다. 카로틴 함량(100g당 1000 μg)이 채소 중 TOP.→P120

브로콜리 60g

■ 제조법
물로 깨끗이 씻은 후 작게 잘라 주스기로 간다. 생강즙(1작은술)을 첨가하면 맛있다.
■ 특성
항암 작용을 하는 설포라판을 함유한다. 카로틴, 비타민B군도 풍부하다.→P97

쑥갓(잎만) 50g

■ 제조법
깨끗이 씻은 후 양배추 잎으로 싸 주스기로 간다. 주스기의 종류에 따라서는 줄기를 넣어도 OK.
■ 특성
비타민B가 풍부해 구연산회로를 활성화시킨다. 항암, 면역력 향상에 효과적인 카로틴도 풍부하다.→P121

녹즙주스

건강주스의 대표주자 녹즙 이용하기

시판되고 있는 녹즙을 이용하면 손쉽게 주스를 만들 수 있습니다. 녹즙은 녹색 채소의 잎이나 열매, 뿌리 따위를 갈아 만든 즙으로, 특히 비타민이 풍부한 케일 즙을 나타내는 말로 쓰이고 있습니다(113쪽). 다양한 녹즙이 시판되고 있는 가운데 비타민 손실이 적은 순간냉동제품을 권장합니다. 제철과일과 혼합하면 더욱 쉽게 마실 수 있습니다.

(기본주스)

재료의 특성

녹즙
케일이 포함된 것이 많다. 항산화 물질이 풍부해 건강 증진, 암 예방에 효과가 뛰어난 것으로 알려졌다. 영양소가 파괴되지 않은 상태로(순간냉동제품이나 동결건조분말 등) 보존된 것을 선택하도록 한다.
녹즙→P113

귤
크립톡산틴이라는 카로틴보다 항산화 작용이 강한 물질을 함유한다. 동물실험에서 암 예방 효과가 있는 것으로 증명되었다. 펙틴도 풍부.
귤→P138
크립톡산틴→P74
헤스페리딘→P85
펙틴→P79

건강 유지 암 예방의 강력한 아군

[재료] (약 200㎖ 분량)

녹즙 ····················· 100㎖
귤 ························· 250g

[제조법]
①녹즙을 해동한다. 분말은 분량에 따라 미네랄워터로 녹인다(마실 수 있는 상태로 만든다).
②귤은 가로로 반 잘라 스퀴저로 과즙을 짠다.
③①과 ②를 혼합한다.

일반적으로 일을 하는 분들은 아침에 출근해 귀가하기까지 갓 만든 주스를 마시기 힘들죠. 이럴 때 녹즙을 활용하길 바랍니다. 녹즙은 항산화 물질이 풍부해 갓 만든 주스의 대용품으로 적절합니다. 다만, 영양소 손실이 적은 순간냉동제품 또는 동결건조분말을 선택하길 바랍니다. 회사에 냉동고가 있다면 순간냉동제품을 보존하고, 없을 경우에는 미네랄워터에 분말을 녹여 마시면 되겠죠.

변화를 즐기자

그대로 마시기 힘든 녹즙도 과일을 첨가하면 맛있어집니다. 이번에는 구하기 쉽고 녹즙과 잘 어울리는 과일을 소개하겠습니다. 과일에 따라서는 미네랄워터나 꿀을 첨가합니다.

≪ 레몬 대신 ≫

딸기 150g
■ 제조법
꼭지를 제거하고 깨끗이 씻어 물기를 제거한다. 주스기로 갈아 녹즙과 섞는다. 취향에 따라 꿀을 첨가해도 된다.
■ 특성
비타민C가 풍부해 면역력 향상 및 암 예방에 효과적이다. 펙틴도 풍부해 장내 환경을 조절한다.→P141

감 150g
■ 제조법
깨끗이 씻어 껍질을 벗기고 적당한 크기로 잘라 씨를 제거한다. 주스기로 갈아 녹즙과 섞는다. 레몬과즙 1개분을 첨가하면 마시기 쉽다.
■ 특성
항산화 작용이 강한 크립톡산틴, 카로틴, 펙틴을 함유해 면역력 향상, 항암 작용을 한다.→P142
*감은 몸을 차게 하는 성질이 있으므로 냉한 체질이거나 설사가 잦은 사람은 피하는 것이 좋다. 또는 생강, 시나몬을 첨가해 마시면 된다.

레몬 2개
■ 제조법
가로로 반 잘라 스퀴저로 과즙을 짠다. 녹즙, 미네랄워터 100㎖와 섞는다.
■ 특성
비타민C가 풍부해 항산화 작용이 매우 강하다. 구연산이 미네랄을 흡수하기 쉽게 하는 등 면역력 향상에도 좋다.→P137

사과 140g
■ 제조법
껍질을 깨끗이 씻은 후 적당한 크기로 잘라 심지를 제거한다. 반만 껍질을 벗겨 주스기로 간다. 녹즙과 섞는다.
■ 특성
폴리페놀과 펙틴이 풍부해 암 예방에 효과만점. 장내 환경을 조절해 면역력 향상에 도움이 된다.→P136

당근주스

거슨요법의 중심, 원조 암 예방 주스

당근은 카로틴이 풍부해 오래전부터 질병 예방, 면역력 향상에 효과적인 것으로 알려졌습니다. 특히, 거슨 박사가 당근이 암 예방에 좋다는 연구 결과를 발표하고부터 주목받기 시작했습니다. 거슨 박사는 결핵 치료에 당근주스를 사용하자 암도 치유된다는 사실을 확인한 후 연구를 진행했습니다. 당근은 암 체질 개선에 막대한 역할을 합니다.

(기본주스)

재료의 특성

당근
항산화 작용이 강해 면역력을 향상시키는 카로틴이 풍부하다. 혈압을 안정시키는 칼륨, 항산화 작용이 강한 비타민C도 많이 함유한다.
당근→P104, 카로틴→P73, 칼륨→P77

사과
폴리페놀과 펙틴이 풍부해 암 예방에 효과적이다. 장내 환경을 조절해 면역력 향상에 도움이 된다.
사과→P136, 폴리페놀→P80 펙틴→P79
헤스페리딘→P85, 펙틴→P79

양배추
항암 작용을 하는 이소티오시아네이트, 과산화 효소를 함유한다. 비타민C도 풍부해 활성산소에 따른 부작용를 억제한다.
양배추→P96, 이소티오시아네이트→P81,
비타민C→P73

레몬
비타민C를 많이 함유하고 있고, 항산화 작용이 매우 강하다. 구연산이 미네랄을 흡수하기 쉽게 만드는 등 항암, 면역력 향상에 좋다.
레몬→P137, 비타민C→P73, 구연산→P82

풍부한 카로틴이 면역력을 높여 암 체질 개선

〔재료〕 (약 200㎖ 분량)

당근 ······················· 100㎖
양배추 ······················ 50g
사과 ······················· 100g
레몬 ························· 1개

〔제조법〕
①채소·과일은 깨끗이 씻어둔다. 당근은 껍질을 벗겨 적당한 크기로 자른다. 사과는 심지를 제거하고 반만 껍질을 벗겨 적당한 크기로 자른다.
②레몬은 깨끗이 씻어 가로로 반 잘라 스퀴저로 과즙을 짠다.
③레몬을 제외한 재료를 주스기로 간다. 양배추는 돌돌 말아서 넣는다. ②를 넣어 섞인다.

기본적인 당근주스에 들어가는 양배추, 사과 대신 다른 채소·과일을 넣어 변화를 즐겨 봅시다. 그날 컨디션에 따라 재료를 선택해도 좋겠죠. 제철채소·과일을 이용하면 맛이 더욱 좋아집니다.

≪ 양배추 대신 ≫

아스파라거스 75g

- 제조법
  깨끗이 씻어 적당한 길이로 잘라 주스기로 간다.
- 특성
  비타민C, 아스파라진산, 루틴을 함유해 면역력 향상, 항암, 고혈압 예방, 동맥경화 예방 등 다양한 효과가 있다.→P112

브로콜리 80g

- 제조법
  물로 깨끗이 씻은 후 작게 잘라 주스기로 간다.
- 특성
  항암 작용을 하는 설포라판을 함유한다. 카로틴, 비타민B군도 풍부해 면역력 향상, 항암 작용에 도움이 된다.→P97

적파프리카 80g

- 제조법
  파프리카는 4등분해 꼭지와 심지를 제거한 후 주스기로 간다.
- 특성
  피망의 일종. 특히, 적파프리카가 카로틴이 풍부하다. 비타민C, 비타민E도 많이 함유해 항암 작용에 도움이 된다.→P116

≪ 사과 대신 ≫

포도 100g(小1/2개)

- 제조법
  거봉과 같이 색이 옅은 것을 준비한다. 깨끗이 씻고 반으로 잘라 씨를 제거한 후 껍질째 주스기로 간다. 주스기에 따라 그대로 넣어도 무방하다.
- 특성
  색이 옅은 포도는 항산화 작용이 강한 안토시아닌을 함유한다. 껍질에 많이 함유되어 있으므로 무농약 제품을 껍질째 사용하는 것이 좋다. 농약이 걱정된다면 소금으로 문질러 닦는다.→P141

과일주스

과일의 산미는 구연산, 제철과일로 맛있게 영양 보충

과일은 혈압을 안정시키는 칼륨을 많이 함유하고 있어 최근 건강을 위해 과일을 하루 200g씩 섭취하도록 권장하고 있습니다. 과일의 산미는 구연산에 따른 것으로, 구연산 회로(164쪽)의 작동을 도와 암을 예방하는 효과가 있습니다. 또한 각 과일마다 건강에 좋은 성분을 함유하고 있습니다. 특히, 제철과일을 이용하면 더욱 맛있는 주스를 만들 수 있습니다.

(기본주스)

재료의 특성

레몬
비타민C를 많이 함유하고 있고, 항산화 작용이 매우 강하다. 구연산이 미네랄을 흡수하기 쉽게 만드는 등 항암, 면역력 향상에 좋다.
레몬→P137, 비타민C→P73, 구연산→P82

사과
폴리페놀과 펙틴이 풍부해 암 예방에 효과적이다. 장내 환경을 조절해 면역력 향상에 도움이 된다.
사과→P136, 리페놀→P80, 펙틴→P79

자몽
비타민C가 풍부해 면역력 향상 효과가 있다. 피로회복에도 좋다. 껍질에는 농약이 묻어 있으므로 깨끗이 씻어 사용한다.
자몽→P137, 비타민C→P73, 나린긴→P84

꿀
자양강장에 효과만점. 비타민K 외에 젖산, 숙신산 등을 함유한다. 면역력 향상에 좋다. 양은 과일의 당도에 따라 조절한다.
꿀→P151, 비타민K→P73

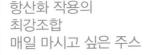

항산화 작용의 최강조합 매일 마시고 싶은 주스

〔재료〕(약 200㎖ 분량)

레몬	2개
자몽	200g(1/2개)
사과	70g
꿀	1큰술

〔제조법〕
①과일은 깨끗이 씻어 둔다. 사과는 심지를 제거하고 반만 껍질을 벗긴 후 적당한 크기로 잘라 주스기로 간다.
②레몬과 자몽은 가로로 반 잘라 스퀴저로 과즙을 짠다.
③①과 ②를 혼합하고, 꿀을 넣어 잘 섞는다.

변화를 즐기자

과일은 당도와 산미가 시기에 따라 다르므로 꿀을 넣어 맛을 조절하면 됩니다. 제철과일은 당도가 매우 높습니다. 주스기의 종류에 따라서는 바나나, 키위 등이 맞지 않을 수 있으므로 주의하길 바랍니다.

≪ 사과와 자몽 대신 대신 ≫

딸기 200g
■ 제조법
꼭지를 제거하고 깨끗이 씻어 물기를 제거한 후 주스기로 간다. 취향에 따라 레몬즙, 꿀을 첨가해도 된다.
■ 특성
비타민C가 풍부해 면역력 향상 및 암 예방에 도움이 된다. 펙틴도 풍부해 장내 환경을 조절한다.→P141

멜론 100g
■ 제조법
씨를 제거하고 적당한 크기로 잘라 주스기로 간다. 수박으로 대체해도 OK.
■ 특성
과육이 오렌지색인 멜론은 카로틴을 풍부하게 함유하고 있으며, 비타민C도 많다. 위장이 약한 사람, 체력이 저하된 사람에게 좋다.→P139
*멜론은 몸을 차게 하는 성질이 있으므로 냉한 체질이거나 설사가 잦은 사람은 피하는 것이 좋다. 또는 생강, 시나몬을 첨가해 마시면 된다.

≪ 사과 대신 ≫

감 100g
■ 제조법
깨끗이 씻어 껍질을 벗기고 적당한 크기로 잘라 씨를 제거한다. 껍질째 주스기로 갈아도 된다.
■ 특성
항산화 작용이 강한 크립톡산틴, 카로틴을 함유해 면역력 향상, 항암 작용을 한다.→P142
*감은 몸을 차게 하는 성질이 있으므로 주의. 멜론과 같이 생강을 첨가하면 된다.

귤 130g
■ 제조법
가로로 반 잘라 스퀴저로 과즙을 짠다.
■ 특성
크립톡산틴이라는 카로틴보다도 강한 항산화 작용이 있는 물질을 함유한다.→P138

요구르트주스

장내 환경을 조절해 면역력을 높이는 주스

요구르트는 유산균을 함유하고 있습니다. 유산균은 장내
환경을 안정화해 나쁜 균의 번식을 방지합니다.
암 예방을 위해서는 하루 300g을 섭취합시다. 그대로
먹어도 상관없지만 과일 등을 첨가해 주스로 만들면
비타민도 함께 섭취할 수 있고 맛도 다양해지는 효과가
있습니다. 때에 따라서는 주스로 만들어 마셔보는 것이
어떨까요.

(기본주스)

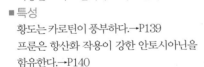

≪ 프룬, 오렌지 대신 ≫

황도(생) 大1/2개, 프룬(생) 大2개

■ 제조법
　모두 세로로 반 잘라 껍질과 씨를 제거한다.
　적당한 크기로 잘라 주스기로 간다.
■ 특성
　황도는 카로틴이 풍부하다.→P139
　프룬은 항산화 작용이 강한 안토시아닌을
　함유한다.→P140

블루베리 100g, 딸기 100g

■ 제조법
　모두 깨끗이 씻고 물기를 없앤다. 딸기는
　꼭지를 제거하고, 블루베리는 그대로
　주스기로 간다.
■ 특성
　딸기는 비타민C가 풍부하다.→P141
　블루베리는 항산화 작용이 강한 안토시
　아닌을 함유한다.→P141

새콤달콤한
과일의
완벽한 조화

[재료] (약 200㎖ 분량)

요구르트	100g
프룬(생)	大2개
(프룬 농축액은 1~2큰술)	
오렌지	약1/2개
꿀	1큰술

[제조법]
①프룬은 깨끗이 씻어 반으로
자르고 씨를 제거한 후 주스기로
간다.
②오렌지는 스퀴저로 과즙을 짠다.
③①과 ②를 혼합하고, 꿀과
요구르트를 넣어 잘 섞는다.

두유주스

유방암 · 전립선암 예방에 추천하는 주스

두유의 원료인 대두는 대두 이소플라본이라는 성호르몬과
비슷한 물질을 함유하고 있습니다.
적절히 섭취하면 유방암, 전립선암을 예방할 수 있는
것으로 연구를 통해 밝혀졌으며, 동맥경화도 예방할 수
있어 건강음료로 인기가 있습니다.
맛과 영양을 보충한 조제두유가 아니라 성분을 조절하지
않은 제품을 선택하길 바랍니다.

(기본주스)

변화를 즐기자

≪ 사과, 당근 대신 ≫

멜론 50g, 당근 80g

■ 제조법
　당근은 기본주스와 같이 처리한다. 멜론은
씨와 껍질을 제거하고 적당한 크기로 잘라
주스기로 간다. 수박으로 대체해도 OK.

■ 특성
　과육이 오렌지색인 멜론은 카로틴이
풍부하다. 비타민C도 많다.→P139

양배추 100g, 사과 80g

■ 제조법
　사과는 기본주스와 같이 처리한다.
양배추는 돌돌 말아 투입구에 넣는다.

■ 특성
　양배추는 항암 작용을 하는 이소티오시아
네이트와 과산화 효소를 함유한다.
비타민C도 많아 활성산소에 따른 부작용을
억제한다.→P96

건강음료로 인기인 두유 과일 · 채소와 함께 섭취

〔재료〕(약 200㎖ 분량)

두유	100㎖
사과	180g
당근	100g
깨소금(흰색)	1큰술

〔제조법〕

①당근과 사과는 깨끗이 씻어 둔다.
당근은 적당한 크기로 자르고,
사과는 심지를 제거해 반만 껍질을
벗긴 후 적당한 크기로 자른다.
②①을 주스기로 갈고, 두유와
깨소금을 넣어 잘 섞는다.

봄주스

싹 트는 계절에 생명력을 먹자

봄은 다양한 식물이 싹을 틔우는 계절입니다. 이 시기에 제철을 맞는 채소·과일들은 대부분 추운 겨울을 이겨내 넘치는 생명력을 가지고 있습니다.
아스파라거스, 브로콜리 등 싹 부분에는 항암 작용을 하는 물질이 함유되어 있습니다. 새싹은 영양만으로는 설명할 수 없는 거대한 힘을 숨기고 있다고 할 수 있습니다. 다만, 봄채소는 떫을 수 있으므로 떫지 않은 것을 선택하길 바랍니다.

①상추주스

[재료] (약 200㎖ 분량)

상추	180g
셀러리	100g
타임 잎	1/2작은술
레몬	1개

[제조법]
①채소를 깨끗이 씻는다. 타임 잎은 상추 잎으로 감싼다. 셀러리는 적당한 크기로 자른다. 각각 주스기로 간다.
②레몬 과즙을 짜 ①에 넣어 섞는다.
재료의 특성
상추→P119, 셀러리→P105, 타임→P126

②아스파라거스주스

[재료] (약 200㎖ 분량)

아스파라거스	90g
양배추	180g
자몽	1/2개

[제조법]
①채소를 깨끗이 씻는다. 아스파라거스는 적당한 크기로 자른다. 양배추 잎은 돌돌 만다. 각각 주스기로 간다.
②자몽은 과즙을 짠다.
③①에 ②를 넣어 섞는다.
재료의 특성 아스파라거스→P112, 양배추→P96

③딸기주스

[재료] (약 200㎖ 분량)

딸기	100g
양배추	150g
파슬리	20g
레몬	1개

[제조법]
①양배추와 파슬리는 깨끗이 씻어 물기를 뺀다. 딸기는 꼭지를 제거하고 깨끗이 씻은 후 물기를 닦는다. 파슬리는 양배추 잎으로 감싼다. 각각 주스기로 간다.
②레몬은 과즙을 짠다. ③①에 ②를 넣어 섞는다.
재료의 특성
딸기→P141, 양배추→P96, 파슬리→P106

④식용 유채꽃주스

[재료] (약 200㎖ 분량)

식용 유채꽃	70g
키위	2개
귤(오렌지도 OK)	1/2개
생강	15g

[제조법]
①양배추와 파슬리는 깨끗이 씻어 물기를 뺀다. 딸기는 꼭지를 제거하고 깨끗이 씻은 후 물기를 닦는다. 파슬리는 양배추 잎으로 감싼다. 각각 주스기로 간다.
②레몬은 과즙을 짠다. ③①에 ②를 넣어 섞는다.
재료의 특성
딸기→P141, 양배추→P96, 파슬리→P106

여름주스

항암 작용도 하는 허브로 식욕 UP

더운 여름철에는 식욕이 떨어지기 쉽습니다. 이럴 때야말로 주스가 안성맞춤입니다.
여름채소로는 토마토, 여주, 인디언시금치 등이 있습니다. 여주의 쓴맛, 오이의 풋내 등
좋지 않은 맛이 나는 것도 많지만 이러한 성분은 항암 작용을 하는 항산화 물질이므로
주스로 만들어 효율적으로 섭취하길 바랍니다. 허브나 과일을 첨가하면 맛이 좋아지겠죠?
특히, 민트, 바질 등 꿀풀과 허브는 항암 작용을 하는 것으로 나타나고 있습니다.

①여주주스

〔재료〕(약 200㎖ 분량)

여주	80g
파인애플	150g
양상추	80g
레몬	1개

〔제조법〕
①여주는 세로로 반을 자른 후 씨 부분을 제거한다.
파인애플은 적당한 크기로 자른다. 양상추는 잎을
1~2장씩 겹쳐 만다. 각각 주스기로 간다.
②레몬은 과즙을 짠다.
③①과 ②를 섞는다. 취향에 따라 꿀을 첨가한다.
재료의 특성 여주→P122

②토마토주스

〔재료〕(약 200㎖ 분량)

토마토	150g
오이	100g(1개)
바질	4~5장
레몬	1개

〔제조법〕
①토마토는 꼭지를 제거하고 4등분, 오이는
세로로 반을 자른다. 바질은 겹쳐서 둥글게
뭉친다. 레몬은 과즙을 짠다.
②채소를 주스기로 간 후 과즙과 섞는다. 취향에
따라 꿀을 첨가한다.
재료의 특성 토마토→P114, ■오이→P118

③인디언시금치주스

〔재료〕(약 200㎖ 분량)

인디언시금치	100g
황도(생)	100g
망고	100g
민트	15~18장
레몬	1개

〔제조법〕
①황도와 망고는 껍질과 씨를 제거하고 적당한
크기로 자른다. 민트는 인디언시금치로 감싼다.
②레몬은 과즙을 짠다.
③①을 주스기로 갈고, ②와 섞는다. 취향에 따라
꿀을 첨가한다.
재료의 특성 인디언시금치→P125, 민트→P127

④신선초주스

〔재료〕(약 200㎖ 분량)

신선초 잎	30g
멜론	150g
로즈마리 잎	小1갈래
레몬	1개

〔제조법〕
①신선초 잎에 로즈마리를 넣고 감싼다. 멜론은
씨와 껍질을 제거하고 적당한 크기로 자른다.
레몬은 과즙을 짠다.
②레몬을 제외한 재료를 주스기로 간 후 과즙과
섞는다.
재료의 특성 신선초→P107, ■멜론→P139
*①~④의 채소·과일은 깨끗이 씻는다.

가을주스

결실을 맺는 가을, 무르익은 과일로 맛있는 주스를

가을은 결실의 계절입니다. 따라서 이 시기가 아니면 구하기 힘든 과일도 있습니다. 제철의 맛을 주스로 만들어 보면 어떨까요?
또 과일은 항암에 작용하는 칼륨, 항산화 작용이 강한 폴리페놀을 함유하고 있어 맛뿐만 아니라 면역력 향상, 암 예방에 도움이 되는 일석이조의 주스를 만들 수 있습니다.
감, 배 등 몸을 차게 하는 성질이 있는 과일에는 생강을 첨가하길 바랍니다.

①포도주스

[재료] (약 200㎖ 분량)

포도(거봉)	150g
쑥갓 잎	150g
무화과	2개
레몬	1개

[제조법]
①채소와 과일은 깨끗이 씻는다. 포도는 반으로 잘라 씨를 제거한다. 무화과는 세로로 반을 자르고, 쑥갓은 둥글게 뭉친다.
②레몬 과즙을 짠다.
③①을 주스기로 간후 ②와 섞는다.
재료의 특성 포도→P141, 무화과→P142

②감주스

[재료] (약 200㎖ 분량)

감	100g
청경채	150g
자몽	1/2개
레몬	1개

[제조법]
①채소와 과일은 깨끗이 씻는다. 감은 껍질을 벗겨 적당한 크기로 자른 후 씨를 제거한다. 청경채는 뿌리 부분에서 세로로 반을 자른다.
②레몬 과즙을 짠다.
③①을 주스기로 간후 ②와 섞는다.
재료의 특성 감→P142, ■청경채→P103

③서양배주스

[재료] (약 200㎖ 분량)

서양배	100g
프룬(생)	大2개
	(농축액은 1~2큰술)
겨자시금치	100g(3포기)
레몬	1개

[제조법]
①채소와 과일은 깨끗이 씻는다. 서양배는 세로로 4등분한 후 심지를 제거하고 껍질을 반만 벗긴다. 겨자시금치는 뿌리를 자른다. 프룬은 반으로 잘라 씨를 뺀다.
②레몬은 과즙을 짠다.
③①을 주스기로 갈고, ②와 섞는다.
재료의 특성 서양배→P140, 프룬→P140

④호박주스

[재료] (약 200㎖ 분량)

호박	100g
서양배	100g
사과	80g
겨자시금치	60g(2포기)
레몬	1개

[제조법]
①채소와 과일은 깨끗이 씻는다. 서양배와 사과는 심지를 제거하고 껍질을 반만 벗긴후 적당한 크기로 자른다. 호박은 껍질을 벗긴 후 적당한 크기로 자른다. 레몬을 제외한 모든 재료를 주스기로 간다.
②레몬 과즙을 짜 ①과 섞는다.
재료의 특성 호박→P123, 서양배→P140

겨울주스

녹색 · 뿌리채소류가 제철, 사과가 강력한 힘

추운 겨울에 제철을 맞는 식물도 많이 있습니다. 쑥갓, 겨자시금치 등 녹황색채소, 무, 순무 등 뿌리채소류를 활용할 수 있겠죠. 주스 재료로 사용하기 부적합하다고 느낄지도 모르겠습니다만 사과를 첨가하면 맛이 부드러워지고 향도 좋아집니다.

추울 때 주스를 많이 마시면 몸이 냉해지는 분들은 재료를 냉장고에서 꺼내 상온에 보관한 후 만들거나 생강을 첨가하길 바랍니다.

①쑥갓주스

〔재료〕 (약 200㎖ 분량)

쑥갓 잎	80g
사과	200g
유자	大1개

〔제조법〕
①채소와 과일은 깨끗이 씻는다. 사과는 심지를 제거하고 반만 껍질을 벗겨 적당한 크기로 자른다. 쑥갓은 잎을 겹쳐 만다.
②유자는 과즙을 짠다.
③①을 주스기로 간 후 ②와 섞는다. 유자 껍질을 갈아 취향에 따라 첨가한다.
재료의특성
쑥갓→P121, 사과→P136, 유자→P142

②겨자시금치주스

〔재료〕 (약 200㎖ 분량)

겨자시금치	100g
귤	100g
사과	100g

〔제조법〕
①채소와 과일은 깨끗이 씻는다. 사과는 심지를 제거하고 반만 껍질을 벗겨 적당한 크기로 자른다. 겨자시금치는 뿌리를 자른다.
②귤은 과즙을 짠다.
③①을 주스기로 간 후 ②와 섞는다.
재료의특성 겨자시금치→P9

③콜리플라워주스

〔재료〕 (약 200㎖ 분량)

콜리플라워	150g
브로콜리	150g
금귤	85g
사과	100g

〔제조법〕
① 채소와 과일은 깨끗이 씻는다. 금귤은 가로로 반을 잘라 씨를 제거한다. 콜리플라워와 브로콜리는 적당한 크기로 자른다. 사과는 심지를 제거하고 껍질을 반만 벗긴 후 적당한 크기로 자른다.
②①을 주스기로 간다.
재료의특성 콜리플라워→P98, 브로콜리→P97

④무주스

〔재료〕 (약 200㎖ 분량)

무	80g
귤	200g
사과	100g
꿀	1큰술

〔제조법〕
①채소와 과일은 깨끗이 씻는다. 사과는 심지를 제거하고 껍질을 반만 벗긴 후 적당한 크기로 자른다. 무는 적당한 크기로 자른다.
②귤은 과즙을 짠다.
③①을 주스기로 간 후 ②, 꿀을 넣어 섞는다.
재료의특성 무→P101

주스기는 기호에 따라 선택하자

착즙방법, 사이즈 등 자신에게 맞는 것을 선택해야

주스는 보통 주스기나 믹서를 사용해 만드는데 건강주스는 주스기를 추천합니다.
일반적으로 믹서라고 불리는 것은 정확히 표현하면 혼합기입니다. 바닥에 붙어 있는
칼날이 재료를 분쇄해 혼합하는 것으로, 격한 분쇄로 인해 영양소가 파괴되기(산화되기)
쉽고 식이섬유가 함유되어 있어 걸쭉해 마시기 힘든 것이 있습니다.
일반적인 주스기는 고속회전을 통해 불용성 식이섬유 등을 원심분리하기 때문에 농축된
주스를 제조할 수 있습니다. 스크루로 채소·과일을 압착해 주스를 만드는 기계도 있습
니다. 회전수가 적어 저속회전식 주스기라고도 하며, 영양소 손실이 적다고 합니다.
건강을 지향하는 경향이 강해짐에 따라 주스기의 종류도 증가하고 있습니다. 1인분만
필요하다면 소형, 가족들과 함께라면 대형이 알맞겠죠. 또 주스기에 따라 잎채소에 적합
하거나 당근을 착즙하기 좋은 등 소재에 따라 사용법이 다릅니다. 다양하게 알아본 후
알맞은 것을 선택하시길 바랍니다.

레몬 등 감귤류는 스퀴저가 편리하다

감귤류도 주스기를 사용할 수 있으나 맛을 위해 스퀴저를 추천합니다. 감귤류의 하얀 내피
에는 건강에 좋은 성분이 포함되어 있으나 쓴맛이 강해 주스의 맛을 떨어뜨립니다.
스퀴저는 유리나 플라스틱 제품으로 직접 손으로 즙을 짤 수 있는 것이 있으며, "시트러스
주스기"라는 전동기구도 있습니다.

주요 채소 · 과일의 과즙량

종류	중량	과즙량
양배추(심지 제거)	100g	60㎖
겨자시금치(뿌리 제거)	100g	80㎖
쑥갓(잎만)	100g	50㎖
상추	100g	60㎖
브로콜리(심 포함)	100g	50㎖
콜리플라워(심 포함)	100g	40㎖
아스파라거스	100g	60㎖
오이	100g	85㎖
당근	100g	80㎖
피망(꼭지 · 씨 제거)	100g	85㎖
토마토(꼭지 제거)	100g	65㎖
사과(심지 제거)	100g	75㎖
서양배(심지 제거)	100g	80㎖
감(씨 제거)	100g	60㎖
멜론(껍질 · 씨 제거)	100g	90㎖
파인애플(껍질 · 심지 제거)	100g	60㎖
레몬(1개)	약 150g	40㎖
오렌지(1개)	약 280g	110㎖
자몽(1/2개)	약 200g	60㎖
귤(1개)	100g	40㎖

＊감귤류 이외는 알맹이의 중량. 감귤류는 껍질도 포함. 스퀴저로 착즙한다.

제2장

알아두면
좋은
10가지
영양 이야기

탄수화물은 현미와 알뿌리류로 섭취한다

에너지원이 되는 탄수화물(당질)

일반적으로 탄수화물은 당질과 식이섬유(78쪽)를 통칭합니다. 여기에서는 당질에 대해 설명하겠습니다.

당질은 분자량의 크기로 분류되며, 가장 작은 단위가 단당류입니다. 단당류가 2~10개 결합된 형태를 소당류, 그 이상을 다당류라고 합니다(다음 쪽). 체온 유지, 호흡, 장기 기능 등 생명활동에 필요한 에너지를 만드는 데에는 식물에 함유된 당질이 체내에서 분해되어 생기는 포도당이 주로 이용됩니다.

포도당은 구연산회로(164쪽)를 통해 에너지로 변환됩니다.

하루 한 번 현미식이 암 예방·치유를 돕는다

당질은 대부분 곡류나 알뿌리류로 섭취할 수 있는데 곡류의 종류가 암 예방과 큰 관련이 있습니다. 최근 연구결과에 따르면, 에너지를 만드는 구연산회로가 정상적으로 작동하지 않으면 암에 걸릴 확률이 높아지는 것으로 나타났습니다. 여기에는 비타민B군이 관련되어 있습니다. 비타민B군이 부족한 상태가 지속되면 구연산회로가 비정상적으로 작동하게 되기 때문입니다(166쪽).

미국에서는 정미기술이 발달하지 않은 이전의 식사가 암 예방에 효과적이라는 연구결과가 나오기도 했습니다(160쪽).

현미의 겨, 배아에는 비타민B군과 비타민E 뿐만 아니라 항산화 물질인 피트산도 함유되어 있습니다. 따라서 정백미는 암 예방에 도움이 되는 물질들을 일부러 제거한 것이라고 할 수 있습니다. 현미는 분명 딱딱하고 독특한 냄새를 가지고 있지만 1일 1회, 또는 주 2~3회 현미식을 하는 것만으로도 암을 예방할 수 있습니다.

알뿌리류 또한 당질의 공급원 역할을 하므로 1일 1회 섭취하면 좋겠죠. 특히, 참마, 토란, 감자(92쪽)는 면역력을 높여 암 예방에 도움이 됩니다.

탄수화물(당질)의 종류와 특징

분류		명칭	특징
단당류		포도당	곡류, 알뿌리류가 분해되어 생긴다. 자연계에 가장 많이 존재하는 당질. 혈액의 당질은 포도당.
		과당	과일과 꿀에 많이 함유. 당도가 가장 높은 당질. 식후 혈당치의 상승은 완만하다.
		갈락토오스	젖당 성분. 모유와 우유에 함유.
소당류	이당류	자당	포도당과 과당이 결합한 당질. 사탕수수나 사탕무로 만드는 일반적인 설탕이 여기에 포함된다.
		젖당	포도당과 갈락토오스가 결합한 당질. 동물의 젖에 함유.
		맥아당	포도당이 2개 결합한 당질. 보리를 발아시킨 맥아에 함유.
		올리고당	단당이 2~4개 결합한 당질. 장내 비피더스균의 먹이가 되기도 한다.
다당류		전분	곡류와 알뿌리류에 많이 함유.
		글리코겐	체내에서 당질이 소화·흡수·분해되어 생기는 당질. 근육, 간에 축적된다.
		식이섬유	78쪽 참조.

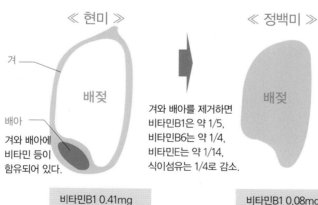

《 현미 》

겨

배젖

배아

겨와 배아에
비타민 등이
함유되어 있다.

겨와 배아를 제거하면
비타민B1은 약 1/5,
비타민B6는 약 1/4,
비타민E는 약 1/14,
식이섬유는 1/4로 감소.

《 정백미 》

배젖

비타민B1 0.41mg
비타민B6 0.45mg
비타민E 1.4mg
식이섬유 3.0g
(100g당)

비타민B1 0.08mg
비타민B6 0.12mg
비타민E 0.1mg
식이섬유 0.5g
(100g당)

식물성 단백질을 적극적으로 섭취한다

육, 장기의 원료 단백질

단백질은 피부, 근육, 내장, 혈액, 뼈 등 장기 및 세포를 구성하고, 신경전달물질 및 면역물질의 원료로 사용되는 필수 영양소입니다. 단백질은 아미노산의 연결체로, 체내에서는 아미노산이 결합하거나 분해하면서 항상 새로운 세포가 만들어집니다.

아미노산의 종류는 약 20개로, 체내에서 생성할 수 있는 불필수 아미노산과 체내에서 합성이 불가능해 식품으로 섭취해야 하는 필수 아미노산으로 분류됩니다. 필수 아미노산은 상호 작용하므로 하나라도 부족하면 균형적인 기능이 불가능하게 됩니다. 따라서 질 좋은 단백질을 섭취해야 합니다. 질 좋은 단백질이란 아미노산 밸런스가 좋은 단백질을 의미합니다.

지금까지는 저지방 붉은 고기, 돼지고기, 닭고기, 어패류 등을 통해 양질의 단백질을 섭취할 수 있는 것으로 알려져 왔습니다. 아미노산 밸런스가 좋은 식물성 단백질로는 대두가 있습니다.

동물성 단백질로 인한 발암 위험

최근에는 동물성 단백질이 암을 유발한다는 연구결과가 제기되었습니다. 특히, 사족보행 동물은 발암을 촉진하는 포화지방산을 다량 함유하고 있어 암 예방 및 치료를 위해 절제하도록 권장되고 있습니다.

미국 코넬대학의 콜린 켐벨 박사는 동물실험을 통해 동물성 단백질을 많이 섭취할수록 간암 발병률이 높아진다는 것을 증명했습니다. 간은 단백질을 분해한 후 재합성하는데 처리량이 많아지면 다양한 효소반응이 활성화되어 암을 유발하는 것입니다.

또한 과다 섭취된 단백질은 분해되어 체외로 배출되는데 과잉량이 많을수록 간에 과도한 부담을 주어 발암 리스크를 높일 수 있습니다. 따라서 지방이 적은 닭고기, 붉은 살 생선을 제외한 어패류와 대두 등을 통해 밸런스 좋은 단백질을 섭취하도록 합시다.

필수 아미노산과 기능

라이신	간 기능을 향상시키고 면역 기능에 관여한다. 세포 회복, 당대사, 칼슘의 장관흡수를 촉진한다.
트립토판	신경전달물질인 세로토닌의 원료로 사용된다.
페닐알라닌	신경전달물질인 도파민의 원료로 사용된다.
류신	간 기능을 향상시키고 근육을 강화한다. 과다 섭취하면 면역력이 저하된다.
아이소류신	성장 촉진, 혈관 확장, 간 기능 향상, 신경기능에 관여한다.
트레오닌	성장을 촉진하거나 간에 중성지방이 과다 축적되는 것을 막는다.
메티오닌	혈액의 히스타민(가려움 및 통증을 일으키는 물질) 농도를 낮춘다.
발린	성장 촉진, 혈액의 질소 밸런스 조정에 관여한다.
히스티딘	어린이의 경우 체내에서 합성되지 않아 필수 아미노산에 해당된다. 성장촉진, 신경기능을 도우며, 스트레스 경감 등에 관여한다.

발암 리스크가 낮은 저지방 단백질 식품

닭고기
(가슴살 등)

대두 · 콩제품

어패류
(붉은 살 생선 제외)

69

질 좋은 지질을 골라 섭취한다

효율 높은 에너지원 지질

지질은 에너지원이나 호르몬, 세포막의 원료로 사용되거나 지용성 비타민의 흡수를 돕는 역할을 합니다. 비만을 초래할 수 있으므로 과다 섭취하지 않는 것이 정석이나 전혀 섭취하지 않아도 문제가 발생합니다.

지질은 동·식물성 식품에 두루 함유되어 있으며, 동맥경화를 일으키는 콜레스테롤도 지질에 포함됩니다. 콜레스테롤은 질병의 원인임과 동시에 세포막, 호르몬, 담즙산의 원료로 사용되는 중요한 영양소입니다. 항상 일정량을 유지하기 위해 체내에서도 합성되는데 식품을 통한 콜레스테롤 섭취량이 적을 때에는 간, 소장에서 부족분이 합성됩니다.

콜레스테롤은 LDL과 HDL로 분류되며, LDL이 증가하면 동맥경화가 진행되고 HDL이 증가하면 동맥경화가 억제됩니다. 따라서 생활습관병을 예방하기 위해서는 HDL 증가를 목표로 DHA, EPA를 함유한 등 푸른 생선을 섭취하는 것이 좋습니다.

암 리스크를 높이는 포화지방산

다만, 지방산은 종류에 따라 섭취에 주의해야 합니다. 지방산은 지질을 구성하는 물질로, 구조에 따라 포화지방산과 불포화지방산으로 분류됩니다. 포화지방산은 주로 동물성 식품에 함유되어 있으며 과다 섭취하면 동맥경화가 진행되고 면역력이 저하되어 암을 유발할 가능성이 높습니다. 식사요법에서 사족보행 동물의 섭취를 금지하는 이유는 동물성 단백질과 포화지방산을 억제함으로써 발암 위험을 낮추기 위해서입니다.

불포화지방산은 동맥경화를 일으킬 위험성은 없으나 산화되기 쉬운 성질이 있습니다. 지질이 산화되면 발암을 촉진하는 과산화지질이 생성되므로 쉽게 산화되지 않는 불포화지방산을 섭취하는 것이 좋습니다. 산화되기 쉬운 식품이라면 되도록 신선한 것을 선택하도록 합시다. 또한 가열을 통해 산화되는 것도 있으므로 조리방법에 유의해야 합니다. 다음 쪽지에서는 지방산의 종류와 특징을 소개하겠습니다.

지방산의 종류와 특징

포화지방산

- 잘 산화되므로 동맥경화가 촉진됨으로써 발암 위험이 높아진다.
- 되도록 섭취하지 않는 것이 좋다.

〔스테아르산 · 팔미트산 · 미리스트산 · 라우르산 등〕
- 소, 돼지의 비계에 함유.
- 버터, 우유, 팜유, 야자유 등에도 함유.

불포화지방산

다가불포화지방산

오메가6계 지방산
- 적당히 섭취하면 콜레스테롤을 낮출 수 있다.
- 과다 섭취하면 부작용이 발생한다.

〔리놀레산〕
- 홍화유, 대두유, 참기름 등.
〔γ-리놀렌산〕
- 식품에는 그다지 함유되어 있지 않다. 모유, 달맞이꽃유 등.
〔아라키돈산〕
- 체내에서 합성. 고기, 생선, 달걀에도 함유. 과다 섭취하면 동맥경화가 촉진된다.

오메가3계 지방산
- 동맥경화, 암, 치매 예방 등.
- 잘 산화되므로 신선한 것을 섭취한다.

〔α-리놀렌산〕
- 들기름, 아마인유 등. 잘 산화되므로 가열 조리는 피한다. 시원하고 어두운 곳에 보관한다.
〔EPA〕
- 지방이 많은 등 푸른 생선에 함유. 신선한 것을 적절히 섭취하는 것이 좋다.
〔DHA〕
- 지방이 많은 등 푸른 생선에 함유되어 있다. 신선한 것을 적절히 섭취하는 것이 좋다.

단일불포화지방산

- LDL콜레스테롤을 줄이고, HDL콜레스테롤을 늘린다.
- LDL콜레스테롤을 잘 산화되지 않게 만든다.
- 잘 산화되지 않으므로 조리유로 적합하다.

〔올레산〕
- 올리브유, 아몬드유, 유채씨유, 해바라기씨유 등 식물성 기름에 풍부.

항산화 비타민으로
암을 예방한다

면역 기능을 향상시켜 암세포를 물리친다

암은 면역력을 어떻게 높이느냐가 예방의 관건이 됩니다. 암은 건강한 사람이라도 매일 발병할 가능성이 있으나 면역력으로 인해 암의 싹이 사라지기 때문입니다. 따라서 활성산소를 시작으로 한 발암요인이 체내에 지나치게 축적되거나 면역력이 저하되면 암세포를 막는 힘이 약해져 발암 가능성이 높아집니다.

이를 억제하기 위해서는 활성산소를 제거하는 항산화 물질을 섭취해야 합니다. 비타민 가운데 특히 비타민A(카로틴), 비타민C, 비타민E는 항산화 작용이 강해 암 예방의 에이스로 불리고 있습니다. 아울러 구연산회로를 원활히 돌아가게 하는 비타민B군 가운데 비타민B1 또한 암 예방에 필수적입니다.

이들은 야채, 과일, 곡류에 함유되어 있습니다. 다만, 열을 가하거나 잘라서 물로 씻으면 손실되지만 껍질 때문에 생으로는 먹기 힘듭니다. 따라서 암을 예방하기 위해서는 영양소 손실이 적은 주스로 만들어 마시기를 추천합니다.

필요량은 매우 적지만 부족하면 컨디션 난조

비타민은 탄수화물, 단백질, 지질의 대사를 시작으로 다양한 생명활동과 관계합니다. 필요량은 그다지 많지 않지만 부족하면 피곤해지기 쉽고 발병 가능성도 높아집니다.

비타민은 물에 녹는 수용성 비타민과 지질에 녹는 지용성 비타민으로 나뉩니다. 암 예방에 작용하는 비타민B군과 비타민C는 수용성 비타민으로, 과잉량은 소변으로 배출됩니다. 지용성 비타민으로 분류되는 카로틴은 체내에서 필요한 양만 비타민A로 전환됩니다. 이세 가지 비타민은 과다 섭취에 따른 부작용이 없으나 건강보조식품으로 지용성 비타민을 보충할 때에는 주의할 필요가 있습니다.

비타민은 한 종류만 섭취하기보다 자연식품을 통해 균형적으로 섭취하는 것이 좋습니다.

비타민의 역할

분류	명칭	특징
지용성비타민	비타민A (레티놀·카로틴)	눈, 피부, 점막의 건강을 유지시킨다. 면역력을 높인다. 뱀장어, 간에 함유된 비타민A는 지용성이므로 과다 섭취에 주의한다. 식물에 함유된 카로틴은 체내에서 필요한 양만 비타민A로 전환하므로 문제없다.
	비타민D	칼슘과 인의 장관흡수를 촉진한다. 칼슘의 농도를 조절한다.
	비타민E	지방산의 산화를 막고, 과산화지질의 생성을 억제한다. 노화를 방지하고, 면역력을 향상시킨다.
	비타민K	혈액 응고를 돕는다. 칼슘의 뼈 침착을 막는다.
수용성비타민	비타민B군 비타민B1	당질의 대사를 원활하게 한다. 피로물질인 젖산을 처리한다. 구연산회로를 원활하게 작동시킨다.
	비타민B2	3대 영양소(당질·지질·단백질)의 대사에 작용한다. 특히, 지질 대사에 필수적이다.
	나이아신	당질과 지질의 대사를 돕는다. 알코올 분해에 필수적이다.
	비타민B6	단백질 대사에 필요하다. 면역력을 높이고, 적혈구 합성에 작용한다.
	비타민B12	염산과 함께 적혈구를 만든다. 신경세포를 건강하게 유지시킨다.
	엽산	신진대사에 필요하다. 태아의 성장에 필수적이며, 적혈구를 만들어 빈혈을 방지한다.
	판토텐산	3대 영양소(당질·지질·단백질)의 대사에 필요하다. 호르몬 합성을 촉진시킨다.
	바이오틴	3대 영양소(당질·지질·단백질)의 대사에 필요하다.
	비타민C	면역력을 높인다. 항산화 작용이 강하다. 항피로, 항스트레스 작용을 한다. 과산화지질의 생성을 억제한다. 콜라겐 합성을 촉진시켜 피부의 신진대사를 높인다.

3대 영양소란?

생명활동에 없어서는 안 되는 기본적인 영양소인 탄수화물, 단백질, 지질을 3대 영양소라고 한다. 탄수화물을 중심으로 에너지원이 되며, 탄수화물이 부족하면 지질이 이용된다. 단백질이 사용되는 경우도 있다.

항산화 효과가 뛰어난 카로티노이드

카로티노이드는 채소에 함유된 색소

카로티노이드는 빨강, 초록, 노랑 등 채소·과일의 색소 성분으로, 600여종 이상이 있으며 카로틴도 포함됩니다. 또한 식물에 함유된 항산화 작용이 강한 물질을 총칭하는 파이토케미칼(80쪽)의 하나이기도 합니다. 체내에서 비타민A로 전환되는 알파카로틴, 베타카로틴, 크립토잔틴 뿐만 아니라 토마토에 함유된 리코핀, 케일 및 브로콜리에 함유된 루테인, 호박 및 옥수수에 함유된 제아잔틴 등이 있습니다.

지금까지는 카로티노이드 가운데 베타카로틴만 주목 받았으나 최근 연구에서 다른 카로티노이드도 다양한 작용을 해 생활습관병은 물론 암 예방에도 효과가 있다는 것이 밝혀졌습니다.

항암 작용 확인되어 주목받기 시작

베타카로틴뿐만 아니라 알파카로틴도 강한 항산화 작용을 하며, 동물실험을 통해 베타카로틴보다 알파카로틴의 암 억제 효과가 뛰어난 것으로 밝혀졌습니다.

온주밀감, 감, 복숭아, 오렌지 등에 함유된 크립토잔틴은 발암 억제 작용을 하는 것으로 나타나 앞으로의 연구가 기대되고 있습니다.

리코핀은 항산화 작용이 베타카로틴의 2배 이상, 비타민E의 10배 이상에 달해 암 억제 효과가 뛰어난 것으로 알려졌습니다.

루테인은 안질환인 백내장, 연령관련 황반변성을 예방할 수 있어 해외에서 제아잔틴과 조합한 형태로 백내장 예방 연구가 진행되고 있습니다. 또한 대장암 억제 효과도 있는 것으로 알려졌습니다.

현재도 카로티노이드에 대한 연구는 계속되고 있으며, 암 및 생활습관병 예방에 활용될 것으로 기대되고 있습니다. 다만, 카로티노이드는 비타민, 미네랄과 상호 작용하므로 한 종류만 섭취하기보다 여러 종류를 복합 섭취하는 것이 효과적입니다.

그러므로 한 가지 식품으로 섭취하지 말고 다양한 식재료를 조합해 동시에 섭취하도록 합시다. 특히, 여러 채소·과일을 섞어 주스로 만들어 마시는 것이 효과적입니다.

대표적인 카로티노이드와 함유식품

	알파카로틴	베타카로틴	크립토잔틴	리코핀	루테인	제아잔틴
당근	●	●				
호박	●	●			●	●
시금치		●	●		●	
케일		●			●	
브로콜리		●	●		●	
피망		●				
토마토		●		●		
옥수수			●		●	●
완두콩	●	●			●	
고구마(유색)		●			●	
오렌지			●			●
복숭아			●			●
수박				●		
감			●			

생명활동에 필수적인 미네랄

모자라도 넘쳐도 건강에 좋지 않다

우리 몸을 만들거나 생명 기능을 유지하는 데 필요한 미네랄을 필수 미네랄이라고 합니다. 필수 미네랄 가운데 식사와 관련된 종류는 13가지입니다.

대표 미네랄인 나트륨과 칼슘은 상호 작용을 통해 체내 미네랄 밸런스를 조절하며(168쪽), 이밖에도 각각 중요한 역할을 합니다.

미네랄은 극소량 필요하지만 부족하면 각종 장애가 발생합니다. 아연 부족에 따른 미각 장애, 칼슘 및 마그네슘 부족에 따른 골다공증 등이 대표적입니다. 반면, 과다 섭취로 인한 부작용이 있어 섭취량이 정해진 것이 있는데 특히 50~69세에는 나트륨, 칼슘, 인, 철, 아연, 구리, 망간, 몰리브덴, 셀레늄, 요오드의 섭취량이 제한됩니다.

자연식품으로 섭취하는 경우는 문제가 없으나 건강보조식품 및 가공식품을 많이 먹으면 과다 섭취에 따른 부작용이 발생할 수 있으므로 주의해야 합니다.

체내 미네랄 밸런스가 암 예방의 포인트

암을 예방하기 위해서는 체내 미네랄 밸런스를 정상으로 유지해야 합니다. 보통 체내 세포 안에는 칼륨이 많고, 세포 밖(혈액, 림프액 등)에는 나트륨이 많습니다. 이 농도는 일정수준이 유지되도록 조절되나 염분(나트륨)을 과다 섭취함으로써 밸런스가 무너지면 대사이상으로 이어져 발암이 촉진됩니다.

미네랄 불균형을 정상화하기 위해서는 먼저 식사를 통해 섭취하는 염분을 가능한 한 줄이고 채소·과일에 함유된 칼륨을 대량으로 섭취해야 합니다. 칼륨은 물에 잘 녹아 조리하면서 손실되기 쉬운 미네랄입니다. 따라서 식사요법에서는 효율적인 칼륨 섭취를 위해 대량의 생주스를 마시도록 하는 것입니다.

필수 미네랄의 역할

명칭	특징	1일 섭취 제한량
나트륨	칼륨과 함께 세포 내의 삼투압을 일정하게 유지시킨다(미네랄 밸런스 유지). 과다 섭취하면 고혈압 및 발암 리스크가 높아진다. 암 예방 관점에서 하루 4g 이내가 바람직.	남성: 9g 미만 (목표량) 여성: 7.5g 미만 (목표량)
칼륨	나트륨과 함께 세포 내의 삼투압을 일정하게 유지시킨다. 고혈압 및 암 예방에 도움이 된다. 만성 신장병의 경우 섭취량이 제한되기도 한다.	없음
칼슘	뼈, 치아를 생성한다. 근육의 수축에 필수적이다. 심장을 정상적으로 작동하게 하거나 신경 전달을 원활하게 한다.	2300mg
마그네슘	칼슘과 함께 뼈, 치아를 생성한다. 칼슘과의 상호작용을 통해 혈압을 조절하고 근육을 수축시킨다.	없음
인	뼈와 치아 건강 유지에 필요하다. 당질대사를 돕는다. 에너지원이 되는 ATP의 구성성분이며, 가공식품의 식품첨가물에 함유되어 있다.	3000mg
철	체내에서 산소를 운반하는 적혈구인 헤모글로빈, 근육 속의 미오글로빈을 구성하는 성분이다. 부족하면 철결핍성 빈혈을 유발한다.	남성: 50mg 여성: 45mg
아연	세포의 신진대사, 단백질 합성에 관여한다. 면역기능 및 신경을 건강하게 유지시킨다. 부족하면 면역력이 저하되어 미각 장애를 초래한다.	남성: 45mg 여성: 35mg
구리	철 흡수 및 간으로의 저장을 돕고 빈혈 예방에 도움이 된다. 항산화에 관여하는 효소(SOD)를 활성화시킨다.	10mg
망간	칼슘, 인과 함께 뼈의 대사에 관여한다. 항산화에 관여하는 효소(SOD)를 활성화시킨다.	11mg
크롬	인슐린 작용을 도와 혈당치를 낮춘다. 중성지방, 콜레스테롤 양을 적절히 유지시킨다.	없음
몰리브덴	당질·지질대사를 원활하게 한다. 철대사를 돕는다. 요산을 생성할 때 필수적이다.	남성: 600㎍ 여성: 500㎍
셀레늄	항산화에 관여한다. 노화 및 동맥경화 예방에 도움이 된다. 비타민C 재생에 관여한다. 과다 섭취에 특히 주의해야 한다.	남성: 280㎍ 여성: 230㎍
요오드	갑상선 호르몬의 구성성분으로, 성장기 발육 및 성인의 기초대사를 촉진한다.	2200㎍

*제한량은 50~69세의 수치. 「일본인 식사섭취기준(2010년판)」(후생노동성) 참고

질병을 예방하는 강력한 힘, 식이섬유

내 환경을 조절해 노폐물 배출 촉진

식이섬유는 탄수화물의 일종이지만 당질과는 성질이 완전히 다릅니다. 식이섬유는 원래 "식품 찌꺼기"로 인식되었으나 최근 장내 환경을 조절하거나 노폐물 배출을 촉진해 생활습관병을 예방할 수 있는 것으로 밝혀지면서 "제6의 영양소"로 적극적인 섭취가 권장되고 있습니다.

식이섬유는 사람의 소화효소로는 소화되지 않는 것을 총칭하며, 물에 잘 녹는 수용성과 물에 잘 녹지 않는 불용성으로 분류됩니다.

수용성 식이섬유는 식물의 세포 안이나 분비물에 함유되어 있습니다. 장관에 도달하면 걸쭉한 겔 상태가 되며, 다른 소화물과 만나 소장에서의 영양 흡수를 완화합니다. 따라서 식이섬유를 섭취하면 혈당치 상승이 완화되거나 콜레스테롤 배설이 촉진됩니다. 또한 수용성 식이섬유는 대장 내 착한 균의 먹이가 되어 장내 환경을 조절함으로써 소화관 암을 예방합니다.

불용성 식이섬유는 식물 세포벽의 성분으로, 물에 녹지 않고 수분을 흡수하기 때문에 대장 내에서 수배로 부풉니다. 부피가 늘어난 불용성 식이섬유가 장벽을 자극하면 장의 연동운동이 활발해져 배변이 촉진되죠. 또 불용성 식이섬유를 많이 함유한 식품은 꼭꼭 씹어 먹어야 하므로 과다 섭취를 예방할 수도 있습니다.

주스로 섭취 가능한 수용성 식이섬유

불용성 식이섬유는 주스기를 사용하면 사라집니다. 다만, 주스기 중에서도 식이섬유를 다소 남길 수 있는 기능이 있는 것이 있으므로 변비가 걱정되는 분은 참고하길 바랍니다. 또는 절반 정도를 샐러드나 수프로 만들어 먹거나 주식을 현미식으로 하면 불용성 식이섬유를 섭취할 수 있습니다.

수용성 식이섬유는 물에 잘 녹는 성질이므로 주스로 섭취할 수 있습니다. 암 예방에도 도움이 되는 주스를 효율적으로 섭취하도록 합시다.

주요 식이섬유의 특징

명칭		특징	풍부한 식품
수용성식이섬유	펙틴	잘 익은 과실에 함유된 것은 수용성. 적혈구의 급격한 상승 및 콜레스테롤의 장관흡수를 억제한다.	잘 익은 과실. 사과, 바나나, 키위 등
	구아검	인도, 파키스탄의 콩과 식물로부터 추출된다. 점성이 있어 증점제, 안정제, 겔화제 등 식품 첨가물로 사용된다.	가공식품
	알긴산	해조류의 미끈미끈한 성분에 함유. 장내에서의 나트륨 흡수, 혈당치의 급격한 상승, 콜레스테롤의 장관흡수를 억제한다.	미역, 다시마, 큰실말 등
	후코이단	간 기능을 향상시키고 알레르기를 억제한다. 고혈압 예방에도 도움이 된다. 암세포를 직접 공격해 자멸시키는 항종양 작용을 한다.	미역, 다시마, 큰실말 등
	콘드로이틴	보수성이 높아 피부노화 방지에 도움이 되는 것으로 알려졌다.	참마, 팽이버섯, 해조, 오크라 등
	글루코만난	장내에서 부풀기 때문에 포만감이 잘 생긴다. 위장에서 콜레스테롤 및 당의 소화·흡수를 저하시킴으로써 당뇨병 예방, 콜레스테롤 저하에 도움이 된다. 장내 환경을 조절한다.	곤약 등
불용성식이섬유	셀룰로오스	식물 세포벽 성분. 장내에서 수분을 흡수해 배변을 촉진한다. 유해물질을 흡착해 체외로의 배설을 촉진시킨다.	대부분의 식물. 곡류(전립), 대두, 뿌리채소류 등 딱딱한 것에 많음
	펙틴	덜 익은 과일에 함유. 익으면 수용성으로 변한다. 잼, 요구르트 등 식품첨가물로 이용된다. 유해물질을 흡착해 체외로의 배출을 촉진한다.	덜 익은 과일
	헤미셀룰로오스	셀룰로오스와 펙틴을 제외하고 식물 세포벽에 함유되어 있는 것을 총칭한다. 자일란, 만난, 갈락탄 등. 셀룰로오스와 거의 같은 작용을 한다.	쌀겨, 밀껍질 등
	리그닌	장내에서 소화·흡수되지 않아 콜레스테롤 흡수를 억제한다.	코코아, 콩류, 딸기 등
	글루칸	버섯류에 함유. 암 억제 작용을 한다. 유해물질을 흡착해 체외로의 배출을 촉진시킨다. 특히, 베타글루칸은 대식세포를 활성화시켜 암세포 증식을 억제한다.	표고버섯, 잎새버섯 등 버섯류 및 보리 등
	키친 키토산	키토산은 게, 새우의 껍데기에 있는 키친을 가공한 것. 면역기능을 향상시키거나 알레르기 증상을 호전시키는 것으로 알려졌다.	갑각류

79

암 예방효과가 있는 파이토케미칼

식물을 보호하는 파이토케미칼

파이토케미칼은 식물이 자외선, 해충 등 외부요인으로부터 자신의 몸을 보호하기 위해 만들어내는 화학물질로, 피토케미칼이라고도 합니다. 식물의 색이나 향, 쓴맛, 떫은맛을 나타내며, 74쪽에서 소개한 카로티노이드, 항산화 작용이 강한 폴리페놀과 플라보노이드 등이 포함됩니다. 1980년대에 처음 발견되었으며 앞으로의 연구가 기대되고 있습니다.

채소, 과일, 콩류에 많이 함유되어 있으며, 종류가 1만개를 넘는 것으로 알려졌습니다. 현재 약 900종이 확인되었으며, 81~85쪽에서 잘 알려진 것, 항암 작용을 하는 것을 소개하겠습니다.

파이토케미칼은 껍질에 들어 있거나 쓴맛, 떫은맛, 아린맛을 나타내는 것이 많습니다. 자외선으로부터 몸을 보호하기 위해 제일 바깥쪽에 있는 껍질 부분에 많이 함유되게 되었기 때문이죠. 또 쓴맛, 떫은맛, 아린맛은 미생물, 해충 등 각종 외적들에게 잡아먹힐 위험성을 줄어들게 만드는 역할을 합니다.

활성산소 제거해 암 예방에 효과만점

체내에 활성산소가 과다 축적되면 노화, 발암이 촉진됩니다.

활성산소는 항산화 물질로 인해 제거되므로 파이토케미칼과 같이 항산화 작용이 강한 물질을 많이 섭취하면 할수록 부작용을 줄일 수 있습니다(172쪽).

대표적인 파이토케미칼로는 베리류 등에 함유된 안토시아닌, 참깨에 함유된 세사미놀, 울금의 커큐민, 녹차의 카테킨, 토마토의 리코핀(74쪽), 생강의 쇼가올, 파류의 황화아릴 등이 있습니다.

파이토케미칼은 한 가지만 섭취하기보다 다양한 종류를 함께 섭취하는 쪽이 더욱 효과적입니다. 따라서 여러 종류의 채소·과일을 조합해 먹는 것이 좋으며 주스로 만들면 더욱 효율적으로 섭취할 수 있습니다.

암 예방에 효과적인 미량영양소

여기에서는 잘 알려진 미량영양소를 소개하겠습니다. 파이토케미칼뿐만 아니라 암 및 동맥경화 예방, 노화 방지 등 다양한 작용을 하는 것들을 소개합니다.

아스파라긴산

아미노산의 일종. 아스파라거스에 함유되어 있으며, 간에서 합성된다. 소변 합성을 촉진하고, 신경전달물질의 구성성분으로써 대사를 향상시킨다.

아피인

셀러리의 향 성분. 파슬리의 향 성분은 아피올. 진정 작용을 한다. 네덜란드에서는 오래전부터 신경 증상을 개선하는 약으로 사용하고 있다.

알리신

마늘, 파류의 냄새, 매운 성분을 나타내는 황 화합물인 황화아릴 가운데 알리인을 자르거나 갈면 알리신으로 변한다. 알리신은 비타민B1과 결합해 체내에서 효율적으로 이용할 수 있도록 하는 작용을 한다.

안토시아닌

포도, 프룬, 블루베리, 딸기 등에 함유된 청자색의 색소 성분. 가지에 함유된 나스닌의 일종. 항산화 작용이 강해 암 및 노화 예방에 도움이 된다. 동맥경화도 예방한다.

이소티오시아네이트

양배추, 무, 마늘, 와사비 등에 함유된 매운 성분. 발암 억제, 살균, 식욕 증진 등의 작용을 한다. 자르고 칼집을 내는 등 세포를 손상시킬 때 생긴다.

에리타데닌

표고버섯에 함유된 기능성 성분. 혈중 콜레스테롤 수치를 낮춘다.

카테킨

녹차의 떫은맛 성분. 지질의 산화를 억제한다. 세포막의 산화를 예방해 암을 억제한다. 콜레스테롤 저하, 혈당치의 급격한 상승 억제, 강한 살균 작용을 한다.

캡사이신

고추의 매운맛 성분. 살균, 식욕 증진, 피로 회복에 관여한다. 지질대사를 촉진하고 대사를 향상시켜 체온을 올린다. 항산화 작용도 한다.

칼콘

일본 오사카약과대학의 바바 키미에 교수가 발견했다. 신선초의 줄기를 자르면 나오는 노란 즙에 함유되어 있다. 항암, 항종양, 항균 작용을 한다고 한다.

구연산

감귤류의 산미 성분. 세포 에너지 생산의 기본물질. 체내에서 잘 흡수되지 않는 미네랄을 뒤덮어 물에 잘 녹게 하는 작용(킬레이트 작용)도 한다.

쿠쿠르비타신

여주, 오이, 멜론, 수박 등의 꼭지에 가까운 부분에 있는 쓴맛 성분. 쿠쿠르비타신은 A부터 R까지 몇 가지 타입이 있으며, 특히 쓴 C가 항암 작용을 한다.

쿠마린

감귤류의 껍질에 함유된 향 성분. 동물실험을 통해 암 억제 작용을 하는 것으로 밝혀졌다. 과산화지질의 생성을 억제하고 유해물질의 해독기능을 향상시킨다.

커큐민

심황에 함유된 노란색 색소. 대장암, 피부암을 예방하는 효과가 있는 것으로 나타나 현재 연구가 진행되고 있다. 간의 해독기능을 향상시키고 담즙 분비를 촉진해 간을 돕는다.

글루코시놀레이트

십자화과 식물에 함유된 매운맛 성분. 항암 작용을 하는 것으로 알려졌다. 갈거나 물을 가하면 이소티오시아네이트로 변한다.

클로로게산

커피, 레드와인에 함유된 쓴맛 성분. 양이 적으면 산미, 단맛, 감칠맛을 내는 복잡한 물질. 우엉의 단면이 갈색인 이유는 클로로겐산 때문이다. 매일 커피를 마시는 사람의 직장암 발병률이 마시지 않는 사람의 50% 수준에 불과하다는 연구결과가 나와 주목받고 있다.

클로로필

식물의 녹색 성분. 광합성을 일으키며, 흔히 엽록소라고 한다. 간 기능을 향상시키고 과산화 지질의 생성을 억제하는 강한 항산화 작용을 한다.

쿼세틴

감귤류, 사과, 녹차, 양파의 속껍질에 함유된 갈색 성분. 비타민C와 함께 섭취하면 항산화 작용이 강화된다. 선암 증식을 억제하는 작용을 하는 것으로 추정되고 있다.

캠퍼롤

녹차 등에 함유되어 있다. 혈관 강화, 혈압 안정, 항산화, 항알레르기 작용을 한다.

쇼가올

생강의 매운맛 성분. 가열하면 진저롤에서 쇼가올로 변한다. 항산화 작용이 강해 활성산소를 제거한다. 혈액의 흐름을 촉진시킴으로써 체온을 높이고 신진대사, 면역력을 향상시키며 살균 작용이 강하다. 숙취, 구토를 억제한다.

설포라판

십자화과 식물에 함유된 매운맛 성분. 1994년 항암 효과가 있는 것으로 밝혀졌다. 브로콜리 싹 중에는 설포라판이 일반 브로콜리의 20배 이상 함유된 것도 있다.

세사미놀

참깨는 세사민을 시작으로 다양한 항산화 물질을 함유한다. 특히, 참기름에 함유된 세사미놀의 항산화 작용이 가장 강하며, 과산화지질의 생성을 억제한다.

대두 이소플라본

폴리페놀의 일종. 대두에 함유되어 있다. 성호르몬과 비슷한 작용을 해 유방암과 전립선암을 예방하고, 갱년기 증상을 개선하는 효과가 있다. 과다 섭취로 호르몬 불균형이 발생할 가능성이 있다.

대두 사포닌
대두의 아린맛, 쓴맛 성분. 대두 가공식품에 함유되어 있다. 과산화지질의 생성을 억제한다. 항암, 에이즈 바이러스의 증식 억제 효과가 있는 것으로 나타나 현재 연구가 진행되고 있다.

나린긴
자몽, 귤의 껍질에 함유된 쓴맛 성분. 혈액 속의 지방산을 분해하거나 화분증 증상을 경감시키거나 면역력을 높이는 효과가 있다.

유산균
장내에서 당을 발효시켜 젖산을 만드는 균을 총칭한다. 젖산은 유해균을 도와 장내 환경을 조절하는 역할을 한다(프로바이오틱스). 장내에서 유해물질의 생성을 억제하거나 면역력을 높여 암을 예방한다.

비타민U
비타민성 물질 중 하나. 양배추에 함유되어 있다. 점막의 신진대사를 촉진시키고 위산 분비를 억제한다. 위궤양, 십이지장궤양 예방에 도움이 된다. 궤양 회복 및 항산화 효과도 있다.

피라진
피망의 향 성분. 녹즙의 원료인 케일에 많이 함유되어 있다. 혈액 응고를 방해해 혈전을 예방하고 동맥경화를 억제한다.

피드산
비타민과 비슷한 성질을 가진 비타민성 물질 중 하나. 항산화 작용이 매우 강하고 NK(Natural Killer) 세포를 도와 면역력을 높인다. 쌀겨에 함유되어 있다.

브로멜린
파인애플 등에 함유되어 있다. 단백질을 분해하는 효소. 장내 물질을 분해한다. 열에 약해 60도 이상으로 가열하면 기능을 하지 못한다.

헤스페리딘

비타민P의 일종. 귤의 속껍질에 함유되어 있다. 발암을 억제한다. 모세혈관을 강화하고 콜레스테롤을 저하시키며 혈류를 원활하게 한다.

무틴

참마, 오크라, 낫토 등의 끈적거리는 성분을 총칭한다. 특히, 낫토에 많이 함유되어 있다. 점막을 보호하는 효과가 있다. 최근에는 암 전이를 억제한다는 연구결과가 나왔다. 60도 이상으로 가열하면 작용이 저하된다.

루틴

비타민P의 일종. 메밀에 많이 함유되어 있다. 콜라겐을 생성하는 비타민C를 도와 모세혈관을 튼튼하게 만든다. 고혈압, 동맥경화를 예방한다.

아스카산틴

새우, 게, 연어에 함유된 빨간 색소. 항산화 작용이 비타민E의 약 1000배 수준으로 매우 강하다. 콜레스테롤의 산화를 막아 동맥경화를 예방한다. 동물실험을 통해 면역력 저하를 억제하거나 항암 작용을 하는 것으로 확인되었다.

글루타티온

3개의 아미노산으로 구성. 돼지 등심, 소간, 굴뿐만 아니라 겨자시금치, 아스파라거스에도 함유되어 있다. 항산화 작용을 하며 해독기능을 향상시킨다.

타우린

오징어, 문어, 조개류 등에 함유되어 있다. 아미노산의 일종. 혈압을 정상으로 유지시키고, 콜레스테롤을 저하시킨다. 혈류를 개선해 간 기능을 돕는다.

베타인

새우, 죽순과 사탕무에 많이 함유되어 있다. 맛을 향상시키거나 부드럽게 만들기 때문에 식품첨가물로 이용된다. 유해한 호모시스테인을 몸에 필요한 메티오닌으로 전환시킨다.

음식과 암의 관계

	구강암	비인두암	후두암	식도암	폐암	위암	췌장암	담낭암
채소	↓		↓	↓	↓	↓	↓	
과일	↓		↓	↓	↓	↓	↓	
카로틴류				↓	↓	↓		
비타민C	↓			↓	↓	↓	↓	
미네랄					↓ 셀레늄이 리스크를 낮춘다			
곡류				↑		↓ 통곡류가 좋다		
전분						↑		
식이섬유							↓	
녹차						↓		
운동					↓			
냉장고						↓		
알코올	↑		↑	↑	↑			
염분			↑ 특히 염장어는 피한다			↑		
육류							↑	
알류								
조리법						↑ 탄 음식 주의		
동물성 지질					↑ 모든 지방과 포화지방산이 리스크를 높인다			
우유 · 유제품								
당류								
커피								
식품오염								
비만								↑
흡연	↑	↑	↑	↑	↑		↑	

간암	대장암	유방암	난소암	자궁내막암	자궁경부암	전립선암	갑상선암	신장암	방광암
							요오드가 리스크를 높인다		
	결장암 예방이 효과적								
	탄 음식 주의								
아플라톡신이 리스크를 높인다	모든 지방과 포화지방산이 리스크를 높인다	모든 지방과 포화지방산이 리스크를 높인다		포화지방산이 리스크를 높인다			모든 지방과 포화지방산이 리스크를 높인다		

확실히 위험이 낮아진다

아마도 위험이 낮아질 것이다

위험이 낮아질 가능성이 있다

확실히 위험이 높아진다

아마 위험이 높아질 것이다

위험이 높아질 가능성이 있다

「영양과 암에 대한 정리」
(세계암연구기금/1997년) 참고

음식과 암의 관계

암으로 부터 위험요소를 낮추는 채소

앞서 제시한 표는 세계암연구기금이 암과 식생활에 관한 4500 역학연구를 정리한 것입니다. 이 연구에 따르면, 채소 · 과일은 다양한 암의 리스크를 확실히 저하시키는 것으로 나타났습니다. 카로틴류, 비타민C도 마찬가지입니다.

일부에서는 대장암 리스크와 채소 섭취량은 관련이 없다고 주장하고 있으나 채소 섭취량이 부족하면 대장암에 걸릴 확률이 높아진다는 연구결과도 있습니다.

암 예방에 대해서는 아직 확실히 밝혀지지 않은 부분이 많아 앞으로의 연구가 기대됩니다.

이밖에 통곡류, 식이섬유, 차 등에 의해서도 암 리스크가 낮아질 가능성이 있습니다.

냉장고도 위암 리스크를 확실히 저하시킬 수 있는 요인입니다. 식품을 저온 보관할 수 있게 됨에 따라 곰팡이 걱정이 없어졌기 때문입니다. 또 냉장고의 등장으로 염장품 섭취가 줄어든 것도 위암 감소 요인으로 지적되고 있습니다.

암 발생률을 높이는 동물성 식품

여기에서 동물성 단백질에 대해서는 다루지 않았으나 동물성 지질은 다양한 암의 발생률을 높입니다. 식품 오염뿐만 아니라 농약, 식품첨가물 등에 따른 부작용도 생각할 수 있습니다. 또한 흡연의 위험성이 얼마나 높은지도 알 수 있습니다. 따라서 암을 예방하기 위해서는 기본 적으로 염분, 동물성 식품의 섭취를 절제하고 금연해야 합니다.

비만도 발암 위험을 높이는 요인입니다. 따라서 비만을 해소하면 생활습관병뿐만 아니라 암도 예방할 수 있습니다.

또한 적절한 운동은 대장암, 폐암, 유방암 위험을 저하시킵니다. 운동을 하면 혈액, 림프액의 흐름이 좋아지고 근육이 쇠약해지는 것을 막아 노화도 방지할 수 있습니다. 건강한 사람은 하루에 만 걸음, 체력이 약한 사람은 무리하지 않는 정도로 걷는 것이 좋습니다.

제3장

암을
이기는
58가지 식품

미 · 오곡미 · 메밀
현미의 항암 작용이 주목받고 있다

비타민B군 루틴

메밀
(마디풀과 메밀속)

대두 이소플라본

오곡미
(쌀 · 보리 · 조 · 콩
· 기장 또는 피)

비타민B군 피드산

현미
(벼과 벼속)

1일
1식

항암물질을 함유한 현미

쌀은 "겨층", 싹으로 자라는 "배아", 배아의 영양분인 "배젖"으로 구성됩니다(67쪽). 배젖을 제외한 나머지를 모두 제거한 것이 정백미로, 정백미는 항암 성분이 있는 겨, 배아를 모두 없앤 것입니다. 따라서 현미는 암은 물론 당뇨병, 각기병을 예방하는 효과가 있습니다.

쌀겨의 식이섬유에 대량 함유된 피드산은 암세포의 증식을 억제하는 작용을 합니다. 또 비타민B군, 비타민E, 셀레늄 등의 미네랄, 식이섬유 및 리놀레산도 많이 함유하고 있습니다. 특히, 비타민B군이 풍부해 구연산회로(164쪽)를 원활히 작동하게 함으로써 암을 예방합니다.

아울러 암세포를 직접 파괴하는 NK(Natural Killer) 세포를 증식시키는 아라비녹실란도 쌀겨 속 헤미셀룰로오스를 발효시켜 만들 수 있습니다.

따라서 다양한 항암 작용을 하는 비타민, 미네랄, 식이섬유, 항산화 물질인 리그난과 피드산이 풍부한 현미를 매일 주식으로 하면 암을 예방할 수 있습니다.

배아미와 오곡미도 추천

그러나 현미는 독특한 냄새 때문에 싫어하는 사람들이 있고, 소화 · 흡수가 어려워 위장이 약한 사람에게는 맞지 않습니다. 이런 경우에는 배아를 남긴 배아미나 현미를 발아시킨 발아현미를 활용하도록 합시다. 배아미는 현미에 비해 영양가가 떨어지지만 먹기 쉽고 소화 · 흡수도 잘 되기 때문에 추천할 수 있습니다.

곡류

보리 · 귀리 · 통밀
암 예방에 좋은 식품으로 부상

베타글루칸

통밀	귀리	보리
(벼과 밀속)	(벼과 메귀리속)	(벼과 보리속)

오곡미는 쌀 이외에 잡곡, 콩류를 혼합한 것입니다. 잡곡은 비타민B1 · B2, 미네랄 등을, 대두는 유방암, 전립선암을 억제하는 대두 이소플라본을 풍부하게 함유하고 있습니다.
메밀은 비타민B1과 B2가 풍부합니다. 또 모세혈관을 튼튼하게 하는 루틴을 함유하며 고혈압을 예방하는 효과가 있습니다. 이 영양소들은 물에 잘 녹는 성질이 있으므로 메밀차로 만들어 마시면 효율적으로 섭취할 수 있습니다.

밀과 보리 등도 추천

보리는 식이섬유 함유량이 백미의 20배에 달하며, 미국 식품의약국(FDA)은 베타글루칸에 따른 콜레스테롤 저하 작용을 인정했습니다.
밀은 쌀과 같이 배아, 외피를 제거하지 않고 정제한 통밀 쪽이 식이섬유, 영양, 효소가 더욱 풍부합니다.
주로 오트밀의 원료로 사용되는 귀리는 미국에서 암 예방에 좋은 식품으로 부상하고 있습니다. 질병, 고령의 영향으로 체력이 떨어질 때에는 주식으로 시리얼, 오트밀을 먹어도 좋습니다.
재배할 때 사용한 농약은 주로 곡물의 배아 부분에 축적됩니다. 정제하지 않은 곡류를 구입할 때에는 농약에 주의해야 합니다. 쌀은 크게 걱정할 필요가 없으나 밀, 보리, 통밀 등은 가급적 국산 가운데 무농약 또는 저농약 제품을 선택하는 것이 좋습니다.

참마 · 토란 · 감자
자양강장, 콜레스테롤 저하에 효과적

비타민B군 루틴

참마
(산마과 산마속)

제철 **참마: 겨울**
　　 토란: 겨울
　　 감자: 봄, 초여름

주요 영양소
만난(P79)
갈락탄(P79)
무틴((P85)
비타민C(P73)

참마의 강력한 소화효소

참마는 아밀라아제(전분, 글리코겐을 당으로 분해하는 효소), 디아스타아제(전분을 분해하는 효소), 글리코시다아제(포도당을 글리코오스로 분해하는 효소)라는 소화효소 함유량이 무의 약 3배에 달합니다.
소화 · 흡수가 어려운 알뿌리류는 보통 생으로 먹을 수 없으나 소화효소가 많이 함유된 참마는 예외적으로 생으로 먹을 수 있습니다. 소화효소는 가열 조리하지 않는 쪽이 활성이 높으며 세포를 파괴하면 작용이 강해집니다. 또 한방에서는 끈기가 있는 식품이 면역력을 향상시킨다고 여겨 끈기가 있는 참마를 비롯해 산마를 약으로 사용합니다.
이밖에도 당질을 에너지로 전환할 때 관여하는 비타민B1, 고혈압 예방 효과가 있는 칼륨도 많이 함유하고 있습니다.

무틴

토란
(토란과 토란속)

생활습관병 예방에 적합한 토란

토란 특유의 점액은 만난, 무틴, 갈락탄이라는 식이섬유입니다. 만난은 변비 · 비만 · 당뇨병 예방, 콜레스테롤 저하, 무틴은 위점막 보호, 노화 예방, 갈락탄은 변비 예방, 혈당치와 콜레스테롤 저하에 효과가 있습니다.

이밖에 비타민B1, 칼륨, 뼈를 강화는 마그네슘, 빈혈을 방지하는 철, 미각 · 후각과 면역기능, 성선기능, 알코올 대사 등에 관여하는 아연, 빈혈을 방지하는 구리 등도 함유하고 있습니다

비타민C

감자
(가지과 가지속)

감자의 강한 항산화 작용

감자는 비타민C와 칼륨을 풍부하게 함유하고 있습니다. 비타민C는 항산화 작용이 강해 세포의 암화, 동맥경화의 진행을 억제하거나 노화를 예방하는 효과가 있습니다. 이밖에 면역력 향상, 뼈와 피부의 건강에도 도움이 됩니다. 칼륨은 체내 미네랄 밸런스를 조절하고 고혈압을 예방합니다.

일반적으로 비타민C는 열에 약해 파괴되기 쉽습니다. 그러나 감자에 함유된 비타민C는 전분으로 보호되어 있어 가열해도 잘 파괴되지 않아 효율적으로 섭취할 수 있습니다.

참마는 갈아서 먹고, 토란과 감자는 가열 조리해야 합니다. 삶아서 깨, 향신료 등을 첨가하거나 마늘, 고추와 함께 볶으면 맛있게 먹을 수 있습니다.

대두 · 대두가공식품
대두 이소플라본이 암 증식을 억제한다

대두 이소플라본

대두	유방암
(콩과 대두속)	전립선암

제철 가을
  (건조시키거나 맹물에 익힌 것이
  유통된다. 가공식품이 많다)

주요 영양소
대두 이소플라본(P83)
비타민B군(P73)
비타민E((P73)
식이섬유(P78)

암 예방식의 대표주자

대두는 대두 이소플라본을 풍부하게 함유하고 있습니다. 일본 교토대학교 대학원 야모리 유키오 명예교수는 연구를 통해 대두나 대두 가공식품을 먹어 혈액 속에 대두 이소플라본이 증가하면 유방암과 전립선암이 억제된다는 사실을 밝혀냈습니다.
대두 이소플라본은 여성호르몬(에스트로겐), 남성호르몬(안드로겐)과 구조가 비슷합니다. 유방암과 전립선암은 성호르몬(에스트로겐 · 안드로겐)의 리셉터(수용기)에 성호르몬이 결합해 암세포가 증식하는데 성호르몬과 구조가 비슷한 대두 이소플라본이 많으면 이들이 암세포의 수용기와 결합해 성호르몬이 암세포와 결합할 수 없게 됩니다. 따라서 대두 이소플라본이 풍부하면 암세포 증식이 억제됩니다.
이밖에 대두는 비타민B군, 비타민E, 식이섬유도 함유하고 있습니다. 체내의 구연산회로가 원활하게 작동하려면 비타민B군이 필수적입니다. 최근 구연산회로의 장애가 발암과 관련이 있다는 주장이 제기된 바 있어 대두의 항암 작용이 더욱 기대되고 있습니다. 비타민E는 항암 작용이 강해 암 예방 효과를 기대할 수 있습니다. 식이섬유는 장을 자극해 장관면역을 향상시키고 배변을 촉진하는 역할을 합니다.

소화 · 흡수가 쉬운 가공식품

단단해서 소화 · 흡수가 어려운 대두를 가공해 먹기 쉽게 만든 두부, 낫토, 두유 등도 암 예방에 효과적입니다.
낫토는 삶은 대두를 발효시킨 일본의 건강식품입니다.

낫토의 끈적이는 성분에는 혈액 응고를 막아 동맥경화를 예방하는 낫토키나아제가 함유되어 있습니다. 시판 낫토 100g에는 심근경색 발작 직후 치료에 사용하는 혈전용해제와 같은 효과가 있다고 합니다. 그러나 뇌경색, 심근경색 증상이 나타나 이미 항응고제를 복용하고 있는 사람은 낫토에 함유된 비타민K가 약의 작용을 방해할 수 있으므로 섭취를 자제해야 합니다.

두유는 대두를 갈아 으깬 후 가열하고 섬유질을 제거해 만듭니다. 특유의 향 때문에 마시기 힘든 부분이 있었으나 최근에는 건강음료로 이용되면서 인기를 끌고 있습니다. 수프로도 활용할 수 있으며, 본서에서는 주스 재료로도 소개하고 있습니다. 두유음료는 맛, 영양 등을 보충하므로 성분 무조정 제품을 선택하길 바랍니다.

두부는 두유에 응고제를 첨가해 굳힌 것입니다. 다양한 요리에 활용되어 매우 익숙한 식품이죠. 동물성 단백질 대신 하루 1모의 두부나 같은 분량의 낫토, 두유 등으로 식물성 단백질을 섭취하도록 합시다.

주스레시피 P53

95

양배추 · 방울양배추

양배추 하루 1/4개로 암 예방

이소티오시아네이트

방울양배추
(십자화과 십자화속)

방광암
폐암

1일
1/4개

제철 봄과 겨울

주요 영양소
비타민C(P73)
이소티오시아네이트(P81)
비타민U(P84)

보관법
심지를 도려내고 물을 묻힌 페이퍼타월을
채워 넣어 냉장고에 보관한다. 자르면 오래
보관할 수 없으므로 빨리 사용한다.

마늘을 잇는 암 예방효과

양배추에 함유된 이소티오시아네이트는 암 억제 효과가 뛰어나며, 과산화효소인 페록
시다아제는 니트로소아민이라는 발암물질을 억제합니다. 양배추에 대량 함유된 비타민C
(100g당 41mg)는 항산화 작용을 통해 활성산소에 따른 발암, 암 증식을 억제합니다.
양배추는 "디자이너 푸드 피라미드"에서 2번째로 높은 평가를 받았으며, 방광암과 폐암
예방에 유효하다는 연구 결과도 있습니다.

위 점막을 보호해 위궤양 예방

양배추는 위궤양을 예방하는 비타민U도 함유하고 있습니다. 비타민U는 캐비진이라고도 하며,
위장의 점막을 보호함으로써 위궤양, 십이지장궤양을 예방·개선합니다. 따라서 유럽에는
위장 건강을 위해 양배추즙을 마시는 습관이 있습니다.
양배추에 함유된 비타민C는 가열하면 50% 이하로 감소하고, 채친 후 물로 씻으면 약
20%가 파괴됩니다.
방울양배추는 특유의 쌉쌀한 맛이 있으며, 비타민C 함유량은 100g당 160mg으로 양배추의
4배에 달합니다.

주스레시피 P44~45, P48~49, P53, P54

채소(십자화과)

브로콜리
강력한 항암 성분을 함유하고 있다

설포라판

브로콜리
(십자화과 십자화속)

브로콜리 싹
(십자화과 십자화속)

제철 가을·겨울(새싹은 연중)

주요 영양소
설포라판(P83)
카로틴(P73)
비타민C(P73)
비타민B군(P73)
칼슘(P77)

보관법
비닐봉투에 넣어 냉장 보관하면
4~5일은 보존가능.
빨리 사용하는 것이 좋다.

암을 억제하는 설포라판

브로콜리에 함유된 설포라판은 십자화과 채소에 함유된 황 화합물의 일종으로, 강력한 항암
작용을 합니다. 설포라판은 브로콜리에 함유된 성분이 자르거나 짓이길 때 변화한 것으로,
열에 강해 삶거나 볶아도 항암 효과가 유지됩니다.
이밖에 암을 예방하는 카로틴, 구연산회로(164쪽)를 원활하게 작동시키는 비타민B군,
활성산소의 부작용을 억제해 면역력을 높이는 비타민C, E, 빈혈을 예방하는 철과 엽산도
함유하고 있습니다.

새싹의 강력한 힘

1997년 미국의 폴 타라레이 박사는 학회에서 브로콜리 등 십자화과 채소의 새싹에
설포라판이 많이 함유되어 있다고 발표해 주목받았습니다. 브로콜리 싹은 설포라판
함유량이 성숙한 브로콜리의 20배 이상에 달하는 것으로 알려졌습니다. 따라서 항암 효과를
기대한다면 브로콜리 싹이나 신선한 브로콜리를 선택하는 것이 좋겠죠?

주스레시피 P45, P49, P60

콜리플라워
암을 억제하는 십자화과 채소 특유의 해독 성분이 풍부

글루코시놀레이트
비타민C

콜리플라워
（십자화과 십자화속）

제철
제철 겨울

주요 영양소
비타민C(P73)
칼륨(P77)
글루코시놀레이트(P82)

보관법
랩으로 싸거나 비닐봉투에 넣어 냉장 보관
한다. 20도 이상에 두면 봉오리가 벌어진다.

양배추에 필적하는 항암 작용

콜리플라워는 양배추의 친척으로, 100g당 81mg의 비타민C를 함유하고 있습니다.
비타민C는 항산화 효과가 뛰어나 암이나 노화, 생활습관병을 억제하고, 면역력을
향상시킵니다.
체내 미네랄 밸런스를 조절하는 칼륨도 풍부합니다.
콜리플라워에 함유된 비타민C는 열을 가해도 파괴되는 양이 적으므로 비타민C 보급원으로
안성맞춤인 채소 중 하나입니다. 콜리플라워는 색이 다양한데 색감에 따라 영양 성분에 다소
차이가 있습니다.

간 기능을 높여 발암을 억제한다

십자화과 채소는 글루코시놀레이트라는 성분을 함유하고 있습니다. 글루코시놀레이트는 간
기능을 향상시켜 유해물질 해독 작용을 강화합니다. 유해물질은 발암 관련물질을 포함하는데
발암물질이 체내에 들어가도 글루코시놀레이트를 투여하면 암이 잘 발병하지 않는다는
동물실험 결과가 있습니다.

주스레시피 P60

겨자시금치
글루코시놀레이트와 글루타티온이 암 억제

1일 50g

글루코시놀레이트
글루타티온

겨자시금치
(십자화과 십자화속)

제철
가제철 겨울

주요 영양소
카로틴(P73)
비타민C(P73)
비타민B군(P73)
칼슘(P77)
글루타티온(P85)

보관법
살짝 적신 신문지로 싸 비닐봉투에 넣어 냉장고에 보관. 신선도가 떨어지기 쉬우므로 빨리 사용한다.

녹황색 채소의 대표주자

겨자시금치는 시금치와 함께 녹황색 채소의 대표주자로 자리 잡고 있으며, 항산화 작용이 강력한 카로틴과 비타민C를 풍부하게 함유하고 있어 암과 동맥경화를 예방하는 효과가 있습니다. 십자화과 식물이므로 항암 작용을 하는 글루코시놀레이트도 함유하고 있습니다. 글루코시놀레이트는 간 기능을 도와 유해물질의 해독 작용을 향상시킵니다. 동물실험에서 글루코시놀레이트를 투여하면 암 발병률이 낮아진다는 결과를 얻은 바 있습니다.
겨자시금치는 글루타티온도 풍부하게 함유하고 있습니다. 미국 하버드대학, 독일 튀링겐대학에서 동물실험을 통해 글루타티온의 항암 효과를 증명했습니다.

생으로 그냥 먹을 수 있다

겨자시금치는 시금치에 비해 옥살산과 떫은맛이 적어 특별히 데치지 않고 그대로 먹을 수 있어 주스 재료로 적합합니다. 특히, 제철인 겨울에 물량이 많아지므로 적극 활용하도록 합시다. 칼슘 흡수율은 유제품에 비해 떨어지나 겨자시금치 등 채소를 먹으면 항산화 작용이 강한 비타민도 함께 섭취할 수 있어 효과적입니다.

주스 레시피 P44, P58, P60

순무
비타민C와 글루코시놀레이트가 활약

카로틴, 비타민C,
글루코시놀레이트

순무
(십자화과 십자화속)

제철
제철 겨울과 봄

주요 영양소
비타민C(P73)
카로틴(잎/P73)
글루코시놀레이트(P82)

보관법
뿌리와 잎을 분리해 각각 습기가 있는 신문지로
싸 냉장고에 보관. 잎은 오래 보관하지 않는다.

항암 성분을 함유한 뿌리 부분

순무의 뿌리는 강력한 항산화 성분인 비타민C를 풍부하게 함유하고 있습니다. 고혈압을
개선하는 칼륨, 뼈와 치아를 튼튼하게 만드는 칼슘도 함유하고 있습니다.
십자화과 순무는 글루코시놀레이트라는 물질을 함유하고 있습니다. 이 성분을 섭취하면
간의 해독 작용이 활성화되는 것으로 알려졌습니다. 동물실험에서 암 억제 효과도 인정된 바
있습니다.
아밀라아제라는 전분을 분해하는 효소도 풍부함에 따라 소화를 촉진해 과식에 의한
더부룩함을 개선합니다.

잎도 버리지 말고 이용하자

순무의 잎은 녹황색 채소의 일종으로, 풍부한 영양소를 함유하고 있습니다. 뿌리(하얀
부분)만 먹고 잎을 버리는 경우가 있는데 너무 아까울 따름입니다.
순무의 잎은 카로틴, 비타민C, 식이섬유를 풍부하게 함유하고 있습니다. 카로틴은 체내에서
비타민A로 전환되어 면역력을 향상시킴으로써 암 예방 효과를 발휘합니다. 비타민C는
항산화 작용이 강해 암과 노화를 예방하며, 식이섬유는 용변을 원활하게 만듭니다.
잎은 농약이 남아 있을 수 있으므로 잘 씻어서 사용하도록 합시다.

무

매운 성분이 강력한 항산화 작용을 한다

카로틴, 비타민C
이소티오시아네이트

무
(십자화과 십자화속)

제철
겨울

주요 영양소
**이소티오시아네이트(뿌리/P81)
카로틴(잎/P73)
비타민C(잎/P73)**

보관법
**뿌리와 잎을 분리해 각각 습기가
있는 신문지로 싸 냉장고에 보관.
잎은 오래 보관하지 않는다.**

다양한 소화효소를 함유한다

무의 뿌리는 풍부한 소화효소를 함유하고 있습니다. 디아스타아제는 과식으로 인한 속쓰림, 소화불량 등을 예방·개선하고, 옥시다아제는 생선의 탄 부분에 생긴 발암물질을 해독하는 작용을 한다고 합니다.
또 무의 매운 성분은 이소티오시아네이트라는 유황 화합물로, 강력한 항산화 물질입니다. 간의 해독 작용을 강화해 암을 예방하거나 혈전이 잘 형성되지 않도록 하며, 살균 작용 등도 합니다. 푸른 목 부분보다는 매운맛이 강한 뿌리 쪽에 많이 함유되어 있습니다.

TNF를 늘린다

일본 테이쿄대학 약학부 야마자키 마사토시 교수는 동물실험에서 무를 갈아 으깬 후 생긴 맑은 액을 투여해 종양(암)을 괴사시키는 종양괴사인자(TNF)가 증가한다는 사실을 밝혀냈습니다. 이 성분에 대해서는 아직 자세히 밝혀지지 않았으나 무의 일정 성분이 백혈구의 작용을 강화한다는 것을 알 수 있습니다.
무의 잎은 체내에서 비타민A로 전환되는 카로틴과 비타민C, 비타민E가 풍부합니다. 이 세 가지 비타민은 항산화 작용이 강해 체내의 활성산소를 제거함으로써 암을 예방합니다.

주스 레시피 P60

식용 유채꽃
봄을 대표하는 암 예방 채소

식용 유채꽃
(십자화과 십자화속)

카로틴, 칼륨
비타민C

제철
겨울과 봄

주요 영양소
카로틴(P73)
비타민C(P73)
칼륨(P77)
칼슘(P77)

보관법
습기가 있는 신문지로 싸 냉장고에 보관.

카로틴 함유량은 TOP CLASS

봄이 왔음을 알려주는 유채꽃은 굉장히 많은 종류의 영양소를 함유하고 있습니다. 식용은 꽃봉오리 시기에 수확합니다. 칼슘은 겨자시금치, 칼륨은 몰로키아에 필적하는 수준을 함유하고 있으며, 100g당 2000㎍ 이상인 카로틴은 겨자시금치의 2/3 정도입니다. 비타민C 함유량은 100g당 130mg으로 파슬리보다 풍부합니다.

이처럼 영양적인 부분이 뛰어난 유채꽃은 제철 계절이 되면 비교적 쉽게 구입할 수 있습니다. 한 번에 생으로 50g 정도 먹으면 카로틴 1100㎍, 비타민E 1.7g, 비타민C 65mg, 칼륨 195mg, 비타민K 125㎍ 등 비타민과 미네랄을 균형 있게 섭취할 수 있습니다. 초봄 물량이 많아지는 시기에 적극적으로 섭취해 암을 예방합시다.

강력한 항산화 성분

카로틴, 비타민C는 강력한 항산화 작용을 통해 암, 동맥경화, 노화를 예방합니다. 생으로도 먹을 수 있으므로 주스로 만들어 효율적으로 섭취하도록 합시다.

주스 레시피 P54

청경채
풍부한 카로틴과 비타민C가 체내 산화를 방지한다

카로틴
비타민C

청경채
(십자화과 십자화속)

제철
가을

주요 영양소
카로틴(P73)
비타민C(P73)
비타민K(P73)

보관법
살짝 적신 신문지로 싸 비닐봉투에
넣어 냉장고에 보관. 오래 보존할
수 없으므로 빨리 사용한다.

최근 인기를 끌고 있는 중국 채소

청경채는 중국 채소 가운데 가장 잘 알려진 녹황색 채소입니다. 심대가 녹색인 것과 하얀 것이
있는데 하얀 것은 카로틴이 적습니다.
강력한 항산화 성분이 있는 카로틴과 비타민C가 풍부해 암, 동맥경화, 노화 등을 예방합니다.
칼륨은 체내 미네랄 밸런스를 개선하고, 칼슘은 뼈와 치아를 튼튼하게 하는 데 도움이 됩니다.

혈액농도의 밸런스 형성에 도움

청경채는 지혈 작용을 하는 비타민K도 함유하고 있습니다. 일반적으로 건강을 위해서는
혈액순환이 원활해야 한다고 알려져 있습니다. 혈액은 선용계(피를 흐르게 하는 성질)와
응고계(피를 굳게 하는 성질)의 밸런스가 잘 맞아야 하므로 비타민K를 섭취해 적당한 점도를
유지하는 것도 중요합니다. 또 비타민K는 칼슘의 뼈 정착을 촉진하는 역할도 합니다.
청경채는 떫지 않고 맛이 담백하기 때문에 주스 재료로 사용하기에 적합합니다. 이밖에 볶음,
조림, 국, 무침 등 다양한 요리에 활용할 수 있으며, 특히 기름에 볶으면 지용성 카로틴의
흡수율이 높아집니다.

주스 레시피 P58

당근
폐암과 위암 예방 효과가 높다

카로틴

당근
(미나리과 당근속)

제철
봄과 가을

주요 영양소
카로틴(P73)
칼륨(P77)
리코핀(P74)

보관법
여름에는 랩으로 싸 냉장고에 보관.
이외에는 냉암소에 보관. 줄기를
자른 부분이 거무스름해지면
신선도가 떨어진 것.

색이 짙을수록 카로틴이 풍부

당근의 최대 특징은 풍부한 카로틴입니다. 카로틴은 당근의 영어명인 Carrot에서 유래한 것으로, 당근의 색이 짙을수록 카로틴 함유량이 많다고 합니다. 카로틴은 체내에서 비타민A로 전환돼 면역력을 향상시킵니다. 또한 항산화 작용이 강해 암을 예방하거나 암 체질을 개선하는 효과를 나타냅니다. 특히, 폐암과 위암 예방 효과가 높습니다. 폐암 및 위암 환자들은 혈액 속의 카로틴 함유량이 건강한 사람에 비해 적다는 조사 결과가 있습니다.
또한 매일 당근주스를 마시는 사람은 마시지 않는 사람에 비해 암 발병률이 낮다는 보고도 있습니다. 따라서 암 식사요법으로 유명한 거슨요법에서도 당근주스를 대량으로 섭취하도록 합니다.

잎에도 영양소가 풍부하다

당근의 잎도 카로틴을 시작으로 각종 비타민, 칼륨, 칼슘을 풍부하게 함유하고 있습니다. 모두 암 예방에 효과가 있는 영양소들입니다.
그러나 당근을 재배할 때에는 농약을 사용하는 경우가 있으므로 잎을 먹을 때에는 무농약 제품을 고르는 것이 좋습니다.

주스 레시피 P48~49, P53

셀러리
산뜻한 향 성분이 암을 예방한다

셀러리
(미나리과 셀러리속)

피라진, 카로틴
비타민C

제철
겨울부터 봄

주요 영양소
카로틴(P73)
비타민C(P73)
칼륨(P77)
아피인(P81)
피라진(P84)

보관법
잎과 줄기를 분리해 비닐봉투에
넣어 냉장고에 보관.

향 성분에 건강 효과가 있다

셀러리는 일반적으로 유통되는 코넬 셀러리, 줄기까지 녹색을 띠는 그린 셀러리, 파드득나물과
비슷한 미니 셀러리 등 종류가 다양합니다.
셀러리 특유의 산뜻한 향은 아피인과 피라진 때문으로, 아피인은 식욕 증진 효과가 있으며
신경에 관여해 불안감을 억제합니다. 피라진은 혈전을 막아 동맥경화 및 암을 예방합니다.
카로틴과 비타민C도 비교적 풍부하게 함유하고 있어 강력한 항산화 작용을 통해 암을
예방합니다. 짙은 녹색의 잎 부분은 흰 부분의 약 2배에 달하는 카로틴을 함유하고 있습니다.
고혈압을 개선하는 칼륨, 뼈와 치아를 튼튼하게 하는 칼슘도 함유하고 있습니다.

생으로 먹어도 가열 조리해도 모두 맛있다

셀러리는 조리하지 않고 생으로 먹어도 산뜻한 맛을 즐길 수 있으므로 주스 재료로
적합합니다.
이밖에 샐러드, 볶음, 조림, 국 등 다양하게 활용할 수 있습니다.

주스 레시피 P54

파슬리
아피올과 클로로필이 활약

파슬리
(미나리과 파슬리속)

카로틴, 비타민C
비타민E,
클로로필

제철
봄과 겨울

주요 영양소
카로틴(P73)
비타민E(P73)
비타민C(P73)
클로로필(P83)
비타민B군(P73)

보관법
살짝 적셔서 비닐봉투에 넣어
냉장고에 보관.

향의 정유 성분이 컨디션을 조절한다

파슬리는 식용보다 장식용이라는 이미지가 강하지만 먹지 않는 것이 아까울 정도로 유익한 영양소를 많이 함유하고 있습니다. 서양에서는 기원전부터 식용으로 사용한 것으로 알려졌습니다.
파슬리는 암 예방의 최고봉으로 여겨지는 비타민A(카로틴)·C·E를 풍부하게 함유하고 있습니다. 비타민B군과 미네랄은 전신 기능을 조절해 체내 밸런스를 돕습니다.
파슬리 특유의 향은 아피올이라는 정유 성분에 의한 것입니다. 아피올은 위액 분비를 촉진해 식욕을 증진시키고 소화를 돕습니다. 또 구취, 체취를 억제하고 강한 이뇨 작용을 통해 신장 기능을 조절합니다. 파슬리의 선명한 녹색을 나타내는 클로로필 성분은 혈중 콜레스테롤 상승을 억제하거나 암을 예방하는 작용을 합니다.

주스로 만들어 효율적으로 섭취한다

파슬리는 요리 장식용으로 사용될 뿐만 아니라 잘게 다져 수프, 스튜에 첨가하거나 빵가루와 섞어 튀김옷으로 사용되기도 합니다. 향이 독특하지만 주스로 만들면 많이 섭취할 수 있습니다.

주스 레시피 P54

채소(미나리과)

신선초
강인한 생명력을 자랑하는 항산화 채소

신선초
(미나리과 당귀속)

카로틴, 비타민C
칼콘, 쿠마린

제철
여름

주요 영양소
카로틴(P73)
비타민C(P73)
칼콘(P82)
쿠마린(P82)

보관법
물에 적신 신문지로 싸 냉장고에 보관.

노란 즙에 들어있는 항산화 성분

신선초는 오늘 잎을 따도 내일이면 다시 수확할 수 있을 정도로 성장이 빠르고 생명력이 강합니다.
줄기를 자르면 독특한 노란색 즙이 나오는데 이 노란 즙에 함유된 칼콘이라는 물질이 강력한 항산화 작용을 해 암뿐만 아니라 궤양, 혈전을 예방합니다. 또 항균 작용도 강한 것으로 알려졌습니다.

암을 예방하는 쿠마린

신선초는 쿠마린이라는 항산화 물질도 함유하고 있습니다. 쿠마린은 특정 종류의 감귤류에도 들어 있으며 항암 작용을 하는 것으로 알려졌습니다. 암을 예방하는 카로틴과 비타민C도 풍부하며, 고혈압을 개선하는 칼륨, 치아와 뼈를 튼튼하게 하는 칼슘도 함유하고 있습니다.
신선초는 잎과 줄기를 모두 먹을 수 있습니다. 봄부터 초여름까지는 잎이 부드러워 주스용으로 적합하지만 다른 계절에는 잎이 다소 거칠고 떫은맛이 나므로 2~3시간 정도 물에 담가두었다 사용하는 것이 좋습니다. 삶아서 무쳐 먹거나 볶음 및 튀김요리, 된장국에도 이용할 수 있습니다.

주스 레시피 P56

양파
액순환에 좋은 채소

양파
(백합과 파속)

알리신
캠퍼롤
케르세틴

제철
봄

주요 영양소
알리신(P81)
캠퍼롤(P83)
케르세틴(P83)

보관법
통풍이 잘되는 냉암소에 보관.

황화아릴이 대활약

양파를 먹으면 건강해지고 병에 걸리지 않는다고 합니다. 이는 양파에 함유된 황화아릴 때문입니다. 대표적인 황화아릴인 알리인은 양파를 자르거나 갈면 세포가 파괴되면서 매운 냄새가 나는 알리신으로 변하고, 공기에 닿으면 다양한 이온화합물로 변한다고 합니다. 알리신은 체내에서 비타민B1과 결합해 알리티아민으로 전환되어 구연산회로(164쪽)에 작용함으로써 항암 효과를 나타냅니다. 비타민B1은 체내에 잘 축적되지 않기 때문에 아주 소량이라도 섭취하지 않으면 쉽게 부족해집니다. 그러나 알리티아민이 되면 체내에서 쉽게 배설되지 않고 장기간 보존할 수 있어 유익합니다. 이온화합물은 콜레스테롤 저하, 혈전 예방, 혈액순환 촉진 등 동맥경화 예방에 도움이 됩니다.

암을 예방하는 NK세포 활성화

알리신은 체내의 이물질이나 암세포를 공격하는 NK(Natural Killer) 세포를 활성화하기도 합니다. 항산화 작용이 강한 캠퍼롤과 케르세틴이라는 폴리페놀도 함유하고 있습니다.
초봄 매운 맛이 적은 양파는 얇게 썰어 그대로 먹고, 매운맛이 강한 양파는 1주일 정도 식초에 절인 후 그대로 먹거나 샐러드로 만들어 먹읍시다. 절인 식초는 드레싱으로 이용할 수 있습니다. 비타민B1과 함께 섭취합시다.

파
면역력 향상시켜 감기 예방에도 효과적

제철
겨울

주요 영양소
알리신(P81)
카로틴(P73)
비타민C(P77)

보관법
신문지로 싸 냉암소, 냉장고에
보관.

파
(백합과 파속)

알리신, 카로틴
비타민C

암도 예방하는 황화아릴

파는 양파와 마찬가지로 풍부한 황화아릴을 함유하고 있습니다. 다양한 약효를 발휘하는 황화아릴 가운데 알리신은 비타민B1과 결합해 알리티아민으로 변하면 피로 회복에 도움이 되며, 체내 당질 에너지 대사를 효율화함으로써 암을 예방합니다.

또 황화아릴은 체내 암세포 등 이물질을 공격하는 NK세포를 활성화함으로써 암을 효과적으로 예방합니다. 혈액이 잘 응고되지 않도록 해 심근경색과 뇌경색을 예방하고, 혈당치와 혈압 상승을 억제하는 작용도 합니다.

아울러 파는 아스피린과 같은 수준의 진통 · 해열 효과를 가지고 있어 오래전부터 감기에 걸리면 파뿌리차를 마시는 식이요법이 전해지고 있습니다.

카로틴과 비타민C가 암 억제

파는 항산화 작용이 강한 카로틴과 비타민C도 많이 함유하고 있습니다.

밑동에 흰 부분이 많은 파, 녹색 부분이 많은 파가 있는데 카로틴 등 유효 성분은 흰 부분이 많은 파보다 녹색이 짙은 파에 많이 함유되어 있습니다. 그러나 황화아릴류는 흰 부분에 많이 함유되어 있다고 합니다.

조리하지 않고 그대로 잘라 양념으로 사용하기도 하며, 조리거나 볶아서 먹을 수도 있습니다.

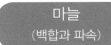

마늘
최고의 암 예방 식품

알리신
셀레늄

마늘
(백합과 파속)

제철
봄

주요 영양소
알리신(P81)
셀레늄(P77)

보관법
통풍이 잘되는 시원한 곳에 보관.

독특한 향 성분에 약효가

마늘은 미국 국립암연구소의 "디자이너 푸드 피라미드"에서 최상위를 차지하고 있습니다.
이탈리아, 크로아티아 등 마늘을 잘 먹는 지역은 암 발병률이 낮다는 보고도 있습니다.
마늘 특유의 냄새는 황화아릴 때문으로, 황화아릴은 암 예방은 물론 질병과 노화를 일으키는
활성산소의 부작용을 억제하는 항산화 작용이 강한 물질입니다.
특히, 알리신은 비타민B1과 결합해 알리티아민이 되면 구연산회로(164쪽)를 도와 암을
예방합니다. 알리신은 공기와 접촉하면 효소의 움직임이 빨라지므로 잘게 잘라 10분 정도
두면 효소가 충분히 활성화됩니다.

황화아릴의 항암 작용

황화아릴은 체내에서 발암물질을 억제하는 효소의 기능을 향상시키고 해독 작용을 촉진하는
항암 작용을 합니다.
또 마늘은 암의 원인인 과산화지질을 분해하는 글루타티온과산화효소의 구성성분인
셀레늄도 함유하고 있습니다.
잘게 다져 볶음요리에 풍미를 더할 때 사용하거나 통째로 볶아 먹어도 됩니다. 매일 먹으면
좋은 식재료 중 하나입니다.

채소(미나리과)

부추
채소에는 드물게 비타민E 함유

알리신, 카로틴
비타민E

부추
(백합과 파속)

제철
겨울

주요 영양소
알리신(P81)
카로틴(P73)
비타민E(P73)
칼륨(P77)

보관법
오래 보관할 수 없으므로 되도록
빨리 사용한다.

오래전부터 이용된 약용식품

부추는 마늘, 파와 마찬가지로 알리신을 함유하고 있어 암을 예방하고 면역력을 향상시키는 효과가 있습니다. 또 녹황색 채소이므로 카로틴, 비타민C 등도 풍부하게 함유하고 있습니다. 카로틴은 지용성 비타민의 일종으로, 기름과 함께 섭취하면 흡수율이 높아집니다. 따라서 부추를 무칠 때 참기름 등을 첨가하면 카로틴 흡수율을 향상시킬 수 있습니다.

비타민E를 함유한 귀한 채소

부추는 암 예방에 크게 작용하는 카로틴, 비타민C, 비타민E를 많이 함유하고 있습니다. 특히, 비타민E를 함유하는 채소는 드물기 때문에 의미가 크다고 할 수 있습니다.
아울러 혈액 응고를 촉진해 지혈에 작용하는 비타민K, 조혈기능에 관여하는 엽산 등도 함유하고 있어 혈액 밸런스를 돕습니다.
부추는 일반적으로는 녹색 잎을 가진 것을 가리키며, 봉오리가 달린 꽃부추, 빛을 쪼이지 않고 재배해 옅은 색을 띄는 노란 부추(구황) 등도 있습니다. 이들은 각기 영양성분이 다릅니다.
찌개 재료로 사용하거나 잘게 잘라 양념으로도 이용할 수 있습니다. 살짝 데치면 부드러워지므로 다른 잎채소와 함께 무쳐 먹으면 맛있습니다.

아스파라거스

카로틴, 비타민C
아스파라긴산
루틴

아스파라거스
(백합과 아스파라거스속)

아스파라긴산으로
면역력 향상

제철
봄

주요 영양소
카로틴(P73)
비타민C(P73)
루틴(P85)
아스파라긴산(P81)

보관법
랩으로 싸 냉장고에 보관. 이외에는
냉암소에 보관. 세워 두면 풍미가
오래 지속된다.
2~3일 안에 먹는다.

면역기능 향상시켜 암 예방

아스파라거스에 풍부하게 함유된 카로틴은 면역기능을 향상시켜 암과 감기를 예방합니다.
동맥경화를 예방하고 생활습관병과 노화를 억제하는 효과도 있습니다. 풍부하게 함유된
비타민C가 카로틴과 결합하면 항산화 작용이 한층 강화되어 암 예방 효과가 높아집니다.

맛의 기본은 아스파라긴산

아스파라거스 특유의 맛은 아스파라긴산 때문입니다. 아스파라거스는 아스파라긴과
아스파라긴산을 함유하는데 아스파라긴은 체내에서 아스파라긴산으로 전환됩니다.
아스파라긴산은 에너지 대사를 촉진해 피로를 회복시키거나 면역력을 향상시킵니다.
아스파라긴산은 유해물질인 암모니아를 소변과 함께 배설하는 작용을 하며, 동맥경화를
예방하는 효과도 있습니다. 끝부분에 함유된 루틴은 모세혈관을 튼튼하게 해 동맥경화를
예방합니다. 동맥경화를 예방하면 대식세포가 활성화되어 항암 작용이 강화됩니다.
아스파라거스는 녹색과 흰색이 있으며, 녹색에 항산화 성분이 더욱 풍부합니다. 생으로도
먹을 수 있어 주스용으로 적합합니다.

주스 레시피 P49, P54

녹색을 띠는 잎채소, 들풀, 나무의 잎 등을 짜낸 즙을 "녹즙"이라고 합니다. 엔도 니로 박사(1900~1997)가 녹색 채소의 영양에 주목해 보급에 힘을 기울이기 시작했으며, 현재는 다양한 브랜드의 제품이 시판되고 있습니다.

녹즙의 재료는 쓴맛이 강한 "케일" 중심이었습니다. 케일은 잎이 거칠어 식용으로 거의 사용되지 않았으나 카로틴과 비타민C가 풍부한 것으로 밝혀지면서 녹즙의 재료로 이용되기 시작했습니다. 최근에는 보리 잎, 신선초 등 다양한 채소를 이용한 녹즙이 판매되고 있습니다.

시판되고 있는 녹즙은 직접 만들 필요 없이 언제라도 손쉽게 마실 수 있는 이점이 있습니다. 따라서 바쁠 때에는 그대로 마시거나 과즙과 섞어 마시면(46쪽) 좋겠죠. 시판제품 중 무엇을 선택하는지도 중요한 문제인데 카로틴, 비타민C, 비타민E 등 항산화 작용이 강한 비타민이 많이 함유된 제품을 선택하는 것이 좋습니다. 또 녹즙은 생채소를 그대로 짜낸 즙이므로 채소를 무농약 또는 유기농으로 재배한 것인지 체크해야 하며, 장기보존을 위해 보존료를 첨가하는 것도 있으므로 확인합시다. 또한 비타민과 미네랄 손실이 적은 순간냉동제품이나 진공상태로 건조시킨 동결건조제품을 선택하는 것이 좋습니다.

케일에 함유된 주요 비타민

(100g당)

카로틴	2900µg
비타민E	2.6mg
비타민K	210µg
비타민C	81mg

토마토
암 예방 효과가 증명되고 있다

리코핀

토마토
(가지과 토마토속)

위암
폐암
전립선암

1일
1개

제철
여름

주요 영양소
리코핀(P74)
카로틴(P73)
비타민C(P73)

보관법
신선한 것은 상온에서 1주일 정도
보관한다. 덜 익은 것은 상온에서
익혀도 된다.

강력한 항암 작용에 주목

토마토는 암 예방에 매우 효과적인 리코핀을 함유하고 있습니다. 리코핀은 토마토의 적색을
나타내는 색소 성분으로, 녹황색 채소에 함유된 카로티노이드의 일종이며, 항산화 및 항암
작용이 카로틴보다 수배 이상 뛰어나다고 합니다. 암 예방에 탁월한 카로틴(비타민A),
비타민C, 비타민E도 함유하고 있습니다. 이들은 상호 작용해 강한 항산화 작용을
발휘함으로써 암과 다양한 생활습관병, 노화를 예방합니다.
토마토를 많이 먹는 사람은 병에 잘 걸리지 않는다는 말이 있습니다. 실제로 토마토를 많이
먹는 지역은 암 발병률이 낮다는 연구결과가 세계적으로 많이 나오고 있습니다. 이탈리아는
구강 · 식도 · 위 · 대장암 발병률이 최대치를 나타낸 지역에 비해 60% 수준 낮으며,
하와이는 위암, 노르웨이는 폐암, 미국은 전립선암 발병률이 낮은 것으로 나타나 토마토가
다양한 암에 유효한 것으로 밝혀졌습니다.

생으로 먹어도 가열해도 효과적

리코핀은 강한 불로 삶거나 구워도 항산화 성능이 그다지 저하되지 않는 특징이 있습니다.
오히려 리코핀의 소화 · 흡수는 생토마토보다 물에 살짝 익힌 것이 뛰어나다고 합니다.

주스 레시피 P56

가지
껍질 속 나스닌 성분이 항산화 작용

나스닌
클로로겐산

가지
(가지과 가지속)

제철
여름과 가을

주요 영양소
나스닌(P81)
클로로겐산(P82)
비타민K(P73)
칼륨(P77)

보관법
비교적 장기간 보존할 수 있으나
냉기에 닿으면 시듦으로 신문지로
싸 야채실에 보관한다.

나스닌의 항산화 작용

가지의 껍질에 함유된 나스닌은 항산화 작용이 강한 자색 색소로, 콜레스테롤의 산화를 막거나
세포의 노화 및 암화를 억제하는 작용을 합니다. 안토시아닌계 색소이므로 시력을 회복시키는
효과도 있습니다. 가지는 껍질까지 남김없이 먹는 것이 좋습니다.
가지는 클로로겐산이라는 폴리페놀의 영향으로 잘랐을 때 검은 빛을 띕니다. 클로로겐산도
항산화 작용이 강해 활성산소에 따른 과산화지질의 생성을 억제함으로써 암 예방 및 개선을
돕습니다. 가을 가지는 떫은맛이 강하기 때문에 떫은맛을 제거해야 하지만 그다지 떫지 않을
때에는 그대로 먹어도 무방합니다.

몸의 열을 식히는 작용을 한다

가지는 몸을 차게 하는 성질이 있어 한방에서 소염ㆍ진통제로 사용되었습니다.
비타민과 미네랄은 그다지 풍부하지 않지만 이뇨 작용을 하는 칼륨, 혈액 지혈에 작용하는
비타민K가 많습니다. 담색채소로 분류되며, 식이섬유는 그다지 많지 않지만 항산화 물질을
풍부하게 함유하고 있습니다.

피망
TOP CLASS의 암 예방 식품

카로틴,
비타민C, 비타민E

피망
(가지과 고추속)

1일
1개

제철
여름

주요 영양소
카로틴(P73)
비타민C(P73)
비타민E(P73)
피라진(P84)

보관법
랩으로 싸 냉장고에 넣어 두면 1주일
가량 보존할 수 있다. 여름 이외에는
상온에 보관해도 무방하다.

가열해도 괜찮은 비타민C

피망은 덜 익은 상태에서 수확한 청피망과 완전히 익힌 적피망이 있으며, 파프리카도 피망의
일종입니다.
피망은 카로틴(비타민A), 비타민C, 비타민E를 풍부하게 함유하고 있습니다. 이 성분들은
암을 비롯해 생활습관병, 노화를 예방하는 효과가 있습니다. 미국에서도 피망은 암 예방
효과가 가장 좋은 식품으로 평가되고 있습니다.
완전히 익은 적피망은 비타민C 함유량이 녹색 피망의 2~3배, 레몬의 2배에 달합니다. 또한
피망의 비타민C는 가열 조리해도 파괴되지 않으며 기름과 함께 섭취하면 비타민A 흡수율이
높아집니다.

독특한 냄새 성분은 피라진

피망 특유의 냄새는 피라진이라는 성분 때문입니다. 피라진은 혈액 응고를 억제하고 혈전을
예방하는 작용을 해 심근색, 뇌경색을 예방하는 효과가 있습니다.
적피망의 색소는 캅산틴이라는 카로티노이드로, 베타카로틴보다 항산화 작용이 강해
동맥경화를 막음으로써 암을 예방합니다.

주스 레시피 P49

고추
지방의 연소를 촉진하는 캡사이신

캡사이신

고추
(가지과 고추속)

제철
여름

주요 영양소
캡사이신(P82)
카로틴(P73)
비타민C(P73)
비타민E(P73)

보관법
건조시킨 상태로 유통하므로 장기
보존이 가능하다. 온기가 적은
곳에 둔다.

매운 성분이 혈류를 개선한다

고추는 과피에 함유된 캡사이신에 의해 매운맛이 납니다. 캡사이신은 강한 살균 · 항균 작용을
하며, 위액의 분비를 촉진해 식욕 증진과 소화 촉진을 돕습니다.
최근 이루어진 연구에서는 캡사이신은 중추신경을 자극해 부신호르몬인 에피네프린
(아드레날린)의 분비를 촉진하고 에너지 대사를 높이며 지방의 연소를 촉진해 체지방 축적을
억제하는 작용을 하는 것으로 밝혀졌습니다.
이에 따라 다이어트에 효과적이라는 말이 나왔으나 캡사이신은 식욕을 돋우는 효과도 있어
과다 섭취하면 오히려 역효과가 날 수 있습니다.

소금 줄여 암 예방

고추를 적당히 사용하면 매운맛이 부각되어 소금을 줄이게 됩니다. 염분을 과다 섭취하면
암이 발병하기 쉬우며, 특히 식염을 많이 섭취하면 위암에 걸릴 확률이 높아집니다. 그러나
고추를 활용하면 소금을 줄이게 되고 위액 분비를 촉진해 위암을 예방하는 효과를 기대할 수
있습니다.
고추는 다양한 약효가 있지만 한 번에 많이 먹을 수는 없습니다. 조림이나 볶음요리에
양념으로 넣으면 염분이 포함된 조미료를 사용하지 않아도 맛을 변화시킬 수 있습니다. 고추는
매운 신미종과 맵지 않은 감미종이 있으며, 피망이나 꽈리고추는 매운맛이 없는 감미종입니다.

오이
강한 이뇨 작용으로 부종, 고혈압 개선

쿠쿠르비타신

오이
(박과 오이속)

제철
여름

주요 영양소
카로틴(P73)
칼륨(P77)
비타민C(P73)
쿠쿠르비타신(P82)
피라진(P84)

보관법
물기를 싫어하므로 잘 건조시켜 비닐 봉투에 넣어 냉장고에 보관한다. 온도는 10~15도. 겨울에는 실온에 두어야 오래 보관할 수 있다.

수분이 대부분이지만 칼륨 풍부

오이는 95% 이상이 수분으로 이루어져 있어 영양소가 거의 없는 것 같지만 카로틴, 비타민C, 칼륨 등을 듬뿍 함유하고 있습니다.
카로틴, 비타민C는 강한 항산화 작용을 통해 암을 시작으로 다양한 생활습관병, 노화 등을 예방합니다.
칼륨은 이뇨 작용으로 부종 해소에 도움이 되며, 나트륨 배설을 촉진해 체내 미네랄 밸런스를 조절합니다. 칼슘, 마그네슘도 함유하고 있습니다.

항암 작용이 기대되는 성분

오이껍질 특유의 쓴맛은 쿠쿠르비타신 때문으로, 여주의 쓴맛과 같은 성분입니다.
쿠쿠르비타신은 몇 가지 종류가 있으며 이 가운데 항암 작용이 강한 것도 있습니다.
오이 특유의 냄새는 피라진 성분 때문으로, 혈액 응고를 막아 동맥경화를 예방합니다.
오이는 수분이 많아 주스용으로 적합하며, 식초를 넣어 무치면 부피가 줄어 많이 먹을 수 있습니다.

주스 레시피 P56

상추
풍부한 항산화 비타민으로 항암 작용에 기대

카로틴

상추
(국화과 속)

제철
여름

주요 영양소
카로틴(P73)
비타민C(P73)
비타민E(P73)
칼륨(P77)

보관법
비닐봉투에 넣어 냉장고에 보관한다. 자른 면에 물에 적신 페이퍼 타월을 두면 오래 보관할 수 있다.

비타민E를 함유한 드문 채소

상추는 씹을 때 특유의 느낌과 쓴맛이 있어 샐러드 등으로 만들어 주로 생으로 먹는 채소입니다. 상추는 전체적으로 둥근 모양의 양상추와 잎이 열려 있는 잎상추가 있는데 색이 짙은 잎상추는 강력한 항산화 작용을 통해 암을 예방하며 카로틴, 비타민C, 비타민E 등을 풍부하게 함유하고 있습니다.

이에 비해 양상추는 전체적으로 영양소 함유량이 적습니다. 카로틴 함유량은 잎상추가 100g당 2000㎍에 달하는 반면 양상추는 100g당 240㎍에 불과합니다. 또한 상추는 잎채소 가운데 드물게 비타민E를 함유하고 있습니다.

이뇨 작용으로 체내 미네랄 밸런스를 조절하는 칼륨, 뼈와 치아를 튼튼하게 하는 칼슘, 여성에게 많이 발생하는 빈혈을 예방하는 철, 지혈 작용에 관여하는 비타민K도 함유하고 있습니다.

많이 먹으려면 주스가 좋다

상추를 샐러드로 만들어 먹을 때에는 지방과 염분을 과다 섭취하게 하는 마요네즈와 드레싱에 주의해야 합니다. 주스로 만들면 한 번에 많이 먹을 수 있으며, 수프나 볶음 요리로 만들 때에는 강한 불로 빨리 조리해야 합니다.

주스 레시피 P54, P56

몰로키아

왕에게만 허락된 특별한 채소

제철
여름

주요 영양소
카로틴(P73)
칼륨(P77)
비타민C(P73)
쿠쿠르비타신(P82)
피라진(P84)

보관법
물기를 싫어하므로 잘 건조시켜 비닐 봉투에 넣어 냉장고에 보관한다. 온도는 10~15도. 겨울에는 실온에 두어야 오래 보관할 수 있다.

카로틴
비타민B군

몰로키아
(참피나무과 황마속)

다양한 비타민이 풍부

몰로키아는 모든 식물성 영양소를 풍부하게 함유하고 있는 채소입니다. 아라비아어로 "왕만의 것"이라는 뜻이며, 이름에 어울리게 영양이 풍부합니다.

특히, 카로틴 함유량이 100g당 10000㎍에 달합니다. 암 예방에 효과적인 영양소 대부분의 함유량도 양배추에 비해 월등합니다. 양배추의 함유량은 비타민C 41mg, 비타민E 0.1mg, 나이아신 0.2mg, 엽산 78㎍, 판토테산 0.22mg이며, 몰로키아는 비타민C 65mg, 비타민E 7mg, 나이아신 1.1mg, 엽산 250㎍, 판토테산 1.83mg으로 나타나고 있습니다.

비타민B군에 속하는 나이아신, 엽산, 판토텐산은 3대 영양소의 대사, 알코올 분해, 태아 성장, 적혈구 조혈, 호르몬 합성 등 다양한 역할을 담당합니다.

독특한 성질이 없어 먹기 쉽다

영양소가 풍부한 채소는 특유의 맛과 냄새로 인해 먹기 어려운 것이 많지만 몰로키아는 그다지 독특한 성질 없어 먹기 쉽습니다. 어린잎은 생으로도 먹을 수 있으며 주스 재료로도 적합합니다. 끈기가 강해 주스로 만들면 분리되므로 잘 섞어 마시길 바랍니다.

주스 레시피 P45

채소(기타)

쑥갓
친숙한 녹황색 채소

카로틴

쑥갓
(국화과 국화속)

제철
여름

주요 영양소
카로틴(P73)
비타민C(P73)
비타민E(P73)
칼륨(P77)

보관법
비닐봉투에 넣어 냉장고에 보관한다. 자른 면에 물에 적신 페이퍼 타월을 두면 오래 보관할 수 있다.

비타민B군을 풍부하게 함유

쑥갓은 카로틴 함유량이 100g당 4500µg으로 시금치보다 많으며, 비타민B군과 비타민C가 풍부한 녹황색 채소입니다. 카로틴은 비타민C와 함께 강력한 항산화 작용을 해 암, 동맥경화, 노화를 예방하며 면역력을 높입니다.
비타민B군은 당질, 지질, 단백질을 효율적으로 이용하기 위해 필수적인 영양소로, 구연산회로(164쪽)를 원활하게 작동시켜 암을 예방합니다.
체내 미네랄 밸런스를 조절하는 칼륨, 뼈와 치아를 튼튼하게 하는 칼슘, 철결핍성 빈혈을 예방하는 철도 채소 중에 많이 함유한 편입니다.

독특한 향이 특징

쑥갓 특유의 강한 향은 피넨 성분에 의한 것으로, 위장 기능을 조절하는 작용을 합니다. 향이 강해 호불호가 갈립니다. 떫은맛을 제거할 필요가 없으므로 주스 재료로 활용할 수 있으며, 살짝 데쳐서 무쳐 먹거나 찌개에 넣으면 많은 양을 먹을 수 있습니다.

주스 레시피 P45, P58, P60

여주
여름철 더위 예방에 효과적인 대표 채소

여주
(박과 여주속)

비타민C
쿠쿠르비타신

제철
여름

주요 영양소
비타민C(P73)
칼륨(P77)
쿠쿠르비타신(P82)

보관법
속부터 상하므로 속을 제거하고
물기를 닦은 후 랩으로 싸 냉장고에
보관한다.

풍부한 비타민C

여주는 비타민C 함유량이 100g당 76mg으로 항산화 작용이 강해 암 예방에 매우 효과적인
채소입니다. 짙은 녹색을 띠지만 카로틴 함유량이 의외로 적어 담색채소로 분류됩니다. 칼륨,
칼슘, 인, 마그네슘 등 미네랄도 함유하고 있습니다.

쓴 맛은 쿠쿠르비타신 때문

여주 특유의 쓴맛은 쿠쿠르비타신과 모모르데신 때문입니다. 쿠쿠르비타신은 A부터
R까지 있으며, 이 가운데 C가 항암 작용을 합니다. 모모르데신은 위장을 자극해 식욕을
증진시키거나 혈압과 혈당치를 안정시키는 효과가 있습니다. 또한 활성산소를 제거하는
항산화 성분이어서 암과 동맥경화를 예방합니다.
여주에 함유된 비타민C는 가열 조리해도 파괴되지 않으므로 고추와 함께 볶아 레몬 등
감귤류 과즙을 첨가하면 맛있게 먹을 수 있습니다. 쓴맛이 강하지만 주스로 만들어도
맛있습니다.

주스 레시피 P56

채소(기타)

호박
동지에 먹으면 감기에 걸리지 않는다

호박
(박과 호박속)

카로틴
비타민C, 비타민E

제철
여름과 가을

주요 영양소
카로틴(P73)
비타민C(P73)
비타민E(P73)

보관법
자른 것은 씨와 속을 제거해 랩으로 싸 냉장고에 보관한다. 통째로는 통풍이 잘되는 장소에서 1~2개월 정도 보관할 수 있다.

면역력 높이는 비타민 풍부

쑥동지에 호박을 먹으면 감기에 걸리지 않는다는 말이 있을 정도로 호박은 오래전부터 면역력을 높이는 채소로 여겨져 왔습니다. 호박은 카로틴에 의해 노란색을 띠며 카로틴은 속 부분에 가장 많이 함유되어 있습니다. 카로틴 함유량은 100g당 3900㎍에 달하며 비타민C·E도 풍부해 암·동맥경화·노화를 예방할 수 있습니다. 체내 미네랄 밸런스를 안정시키는 칼륨도 많이 함유하고 있습니다. 호박은 항산화 작용이 매우 강한 카로틴을 많이 함유하고 있으므로 감기 등 감염증 예방과 항암 작용에 도움이 됩니다. 또한 혈액순환을 촉진시키고 피부가 거칠어지는 것을 방지하는 효과도 있습니다.

식후 혈당치 상승을 억제한다

호박은 영양 측면에서 뛰어나지만 당질을 많이 함유하고 있는 단점이 있습니다. 그러나 식이섬유가 풍부하므로 식후 혈당치 상승을 억제하고, 혈중 콜레스테롤과 중성지방 수치를 낮추는 효과가 있습니다. 단, 너무 많은 양을 먹지 않도록 주의해야 합니다. 호박에 함유된 비타민, 미네랄 등의 영양소는 오래 보관해도 별로 줄어들지 않습니다. 따라서 여름에 수확한 호박을 그대로 보관하다 겨울에 먹어도 충분한 비타민과 미네랄을 섭취할 수 있습니다.

주스 레시피 P58

생강
항염증 작용으로 발암을 억제한다

쇼가올
진저롤

생강
(생강과 생강속)

제철
여름
(햇생강과 묵은 생강은 1년 내내)

주요 영양소
쇼가올(P83)
진저롤(P83)

보관법
갈아서 조금씩 나눠 냉동해 두면
사용하기 편리하다. 일주일 정도
보관할 수 있다.

발암 예방에도 좋은 매운 성분

생강에 함유된 진저롤과 쇼가올은 항염증 작용을 통해 발암과정에서 프로스타글란딘E2가
합성되는 것을 막아 발암을 막는 효과가 있습니다. 또 항산화 작용이 강해 활성산소에 의해
발생하는 유전자 돌연변이에 따른 암화를 억제합니다.

방향 성분이 200종 이상

생강은 거의 양념으로 사용하기 때문에 많은 양을 먹지는 않지만 건강 효과가 알려지면서
인기가 높아졌습니다.
생강은 방향 성분과 매운 성분이 큰 특징입니다. 생강은 200종 이상의 방향 성분을 함유하고
있어 위를 튼튼하게 하고 혈중 콜레스테롤 수치를 낮추며, 고혈압을 개선하는 성분도
함유하고 있습니다.
생강 특유의 매운 성분인 진저롤과 쇼가올은 항암 작용은 물론 살균 작용도 하며 구토를
억제하고 위액 분비를 촉진해 식욕을 증진하는 효과도 있습니다. 또 냉증 예방에도
효과적입니다. 얇게 저며 꿀에 재운 후 그대로 먹거나 갈아서 주스에 첨가해도 좋습니다.
생강을 재웠던 꿀도 주스에 넣어 마실 수 있습니다.

주스 레시피 P45, P54,

인디언시금치
민간요법으로 활용된 채소

카로틴, 비타민C

인디언시금치
(인디언시금치과
인디언시금치속)

제철
여름

주요 영양소
카로틴(P73)
비타민C(P73)

보관법
물에 적신 페이퍼타월로 뿌리
부분을 싼 후 비닐봉투에 넣어
냉장고에 보관한다. 세워 두면
오래 보관할 수 있다.

여름에 적합한 녹황색 채소

인디언시금치는 다양한 영양소가 풍부하고 여름철 비타민과 미네랄을 보급하는데 적합한 녹황색 채소로, 최근 들어 건강채소로 주목받고 있습니다. 특유의 흙냄새가 나고 미끈거리는 성질이 있으나 해열 및 이뇨 효과가 있어 오래전부터 민간요법으로 활용되어 왔습니다.

카로틴 함유량은 100g당 2900μg으로 풍부합니다. 카로틴, 비타민C, 비타민E는 모두 항산화 작용이 강해 체내에서 발생하는 활성산소의 유해성을 제거함으로써 암, 동맥경화 등 생활습관병, 노화를 예방하고 면역력을 높이는 작용을 합니다.

카로틴은 체내에서 비타민A로 전환되어 눈과 피부, 점막, 목, 폐 등의 건강을 지키는 역할도 합니다.

떫은맛이 적으므로 그대로 조리해 먹을 수 있으며, 끈기가 있긴 하나 주스 재료로도 사용할 수 있습니다.

잎과 줄기가 자홍색을 띠는 자주색계와 녹색을 띠는 녹색계가 있으며, 최근에는 녹색계가 보급되고 있습니다. 주로 데쳐서 무쳐 먹거나 볶음요리 등에도 사용할 수 있습니다.

주스 레시피 P56

바질 · 타임 · 오레가노
가정에서도 향신료로 사용

바질	타임	오레가노
(꿀풀과 바질속)	(꿀풀과 타임속)	(꿀풀과 오레가노속)

허브에도 항암 성분이 있다

미국 국립암연구소는 "디자이너 푸드 피라미드"를 통해 암 예방 효과가 있는 식품 약 40종을 소개했습니다. 여기에는 바질, 오레가노, 타임, 로즈마리, 세이지, 민트 등 허브류도 포함되어 있습니다.

허브류에 공통적으로 들어있는 방향 성분은 활성산소의 유해성을 제거하는 항산화 작용이 강한 것으로 알려졌으며, 발암 유전자의 작용을 억제한다는 보고도 있습니다.

특히, 들풀과 허브의 항암 작용이 강한데 아래 소개할 6종이 대표적입니다. 유전자에 돌연변이를 일으켜 암으로 발전시키는 작용을 변이원성이라고 하는데 일본 고베대학에서 허브류가 어느 특정 물질의 변이원성을 어느 정도 저지하는지 조사한 결과 오레가노, 타임, 로즈마리, 세이지, 민트 등이 모두 70% 이상 변이원성을 억제한 것으로 나타났습니다. 이러한 효과는 암을 억제하는 작용이 강한 녹황색 채소와 같거나 그 이상이었다고 합니다.

개성 있는 향을 가진 허브

"허브의 왕"으로 불리며 널리 사용되고 있는 바질은 토마토와 잘 맞아 이탈리아 요리에 없어서는 안 되는 존재입니다.

민트 · 로즈마리 · 세이지
상쾌한 향이 인기

민트 (생강과 생강속)	로즈마리 (꿀풀과 로즈마리속)	세이지 (들풀과 샐비어속)

진정 작용, 집중력 향상, 식욕 증진, 위장 기능 활성화 효과가 있습니다.

오레가노는 방향과 쓴맛이 특징이며 토마토, 치즈, 육류와 잘 어울립니다. 피로 회복, 살균 · 소독, 감기 · 기관지염 · 두통 · 생리통 개선 효과가 있습니다.

타임은 상쾌한 방향과 쌉쌀한 향을 가진 허브입니다. 주로 수프, 스튜, 마리네 등에 사용되며, 지방의 소화를 돕고 살균 효과가 강합니다. 햄, 소시지에도 사용됩니다.

로즈마리는 닭고기, 양고기, 감자 등의 요리에 자주 사용되며 고기의 잡내를 제거해 줍니다. 살균, 소화 촉진, 강장 등의 효과가 있습니다.

세이지는 돼지 등 고기의 잡내를 제거하고 소화를 돕습니다. 방부, 살균 · 소독, 강장, 신경 안정, 발한 억제 등의 효과가 있습니다. 오래전부터 만병에 효과적인 허브로 여겨지면서 만병통치약과 같이 사용되어 왔습니다.

민트는 다양한 종류가 있으며 유럽계와 아시아계로 분류됩니다. 유럽계가 식용으로 사용되며 페퍼민트, 스피아민트가 대표적입니다. 고기 및 생선요리, 소스, 과자에 향을 더할 때 생잎을 첨가하고, 허브티로도 마십니다. 소화를 돕고 감기를 낫게 하며 살균, 면역력 향상 효과도 있습니다.

크레송 · 타라곤 · 파스닙
생소하지만 항암 작용 기대

크레송	타라곤	파스닙
(십자화과 물냉이속)	(국화과 쑥속)	(미나리과 파스닙속)

항산화 작용을 하는 크레송

크레송은 특유의 은은한 향을 가지고 있으며 매운맛과 쓴맛이 납니다. 육류 요리에 곁들이거나 샐러드에 넣는 등 다양한 요리에 사용됩니다. 카로틴과 비타민C를 많이 함유하고 있으며, 매운맛을 내는 시니그린 성분은 체내에서 알릴이소티오시아네이트로 변화합니다. 항균 및 항산화 작용을 하며 면역력을 높이거나 암을 예방하는 효과가 있습니다.

히포크라테스도 이용한 타라곤

타라곤은 쑥의 일종으로, 잎을 건조시켜 프랑스 요리의 소스나 비니거 등에 사용합니다. 청량감 있는 특유의 달콤한 향과 매콤한 맛이 특징이며, 의학의 아버지로 불리는 히포크라테스가 뱀이나 광견에게 물린 상처를 소독할 때 이용했다고 합니다. 미국 국립암연구소의 디자이너 푸드 피라미드에도 등재되어 있습니다.

오래전부터 이용된 파스닙

하얀 당근과 같은 파스닙은 맛이 달콤해 수프 등에 넣어 먹는 등 유럽에서 자주 사용되는 채소입니다. 고대 그리스 시대부터 식용과 약용으로 사용되었으며, 카로틴과 비타민C가 풍부해 암, 생활습관병, 노화를 예방하는 효과가 있습니다.

허브 등

고수 · 강황 · 감초 · 자소
아시아의 허브도 활용하자

고수	강황	감초	자소
(미나리과 고수속)	(생강과 심황속)	(콩과 감초속)	(자소과 자소속)

해독 작용이 강한 고수

고수는 고대 그리스에서 약으로 사용되었을 정도로 약효가 좋은 채소입니다. 특유의 강한 향을 가지고 있으며 샐러드나 양념으로 사용됩니다. 카로틴과 비타민C가 풍부하며, 향기 성분인 리나롤은 진정 작용, 혈압 강하 작용을 합니다. 또 해독 작용이 강해 체내의 독소 축적을 막는 효과가 있습니다.

간 기능 높이는 강황

심황은 카레 등에 사용되는 향신료로, 독특한 향과 쌉쌀한 맛을 가지고 있으며 노란색 색소 성분이 많아 음식의 색을 내는 데 사용됩니다. 노란 색소인 커큐민은 위를 튼튼하게 하는 효과가 있으며 식욕 증진, 항균 작용을 합니다. 최근에는 간 기능 개선, 담즙 분비 촉진 등의 효과에 관심이 모아지고 있습니다.

한방에서도 사용한 감초

감초는 오래전부터 한방 생약에 사용되었습니다. 해독, 진통, 진해, 거담, 위 · 십이지장 궤양, 인후통, 복통, 설사에 효과가 있으며, 사포닌, 에스트로겐 유사물질, 쿠마린, 플라보노이드, 콜린, 아스파라긴 등 다양한 기능성 성분을 함유하고 있습니다.

향이 인기 있는 자소

청량감 있는 산뜻한 향을 즐길 수 있는 자소는 청자소와 적자소로 나뉩니다. 청자소는 양념이나 튀김, 적자소는 매실장아찌나 절임음식의 색을 내는 데에 사용됩니다. 자소 특유의 향을 내는 페릴알데히드 성분은 살균 작용, 식욕 증진 작용을 합니다.

표고버섯
면역력을 높여 암을 예방한다

베타글루칸
에리타데닌

표고버섯
(송이과 표고버섯속)

제철
가을

주요 영양소
베타글루칸(P79)
에리타데닌(P81)

보관법
생으로는 보관하기 어렵다. 빨리
사용하도록 한다.

항암제가 된 베타글루칸

표고버섯은 암을 억제하는 효과가 있는 것으로 잘 알려져 있습니다. 이는 베타글루칸 때문으로, 베타글루칸은 소장 점막에 있는 림프조직인 파이어판을 자극하고 면역세포인 대식세포와 T형 림프구를 증식시켜 면역력을 높이는 작용을 하는 것으로 밝혀졌습니다. 일본 국립암센터는 베타글루칸의 항종양성에 주목해 표고버섯을 이용한 항암제 개발에 성공했습니다.

동맥경화와 골다공증 예방

표고버섯은 혈압과 콜레스테롤을 저하시키는 에리타데닌 성분을 함유하고 있습니다. 에리타데닌은 나쁜 콜레스테롤인 LDL콜레스테롤을 산화시켜 동맥경화를 일으키는 호모시스테인이라는 물질의 생성을 억제하는 작용을 합니다.
또 표고버섯은 비타민D의 전구체인 에르고스테롤도 함유하고 있습니다. 비타민D는 칼슘의 장관흡수를 돕고 혈액 속의 칼슘을 뼈로 운반해 뼈를 튼튼하게 만드는 역할을 합니다. 표고버섯에 자외선을 쪼이면 에르고스테롤이 비타민D로 변합니다. 비타민D는 골연화증, 골다공증 예방에 도움이 됩니다.
굽거나 잘라서 무쳐 먹거나 마늘, 고추와 함께 볶으면 맛있습니다.

잎새버섯
버섯류 가운데 항암 작용이 가장 강하다

베타글루칸

잎새버섯
(왕잎새버섯과 잎새버섯속)

유방암
자궁암
전립선암
폐암

제철

주요 영양소
베타글루칸(P79)
비타민D(P73)

보관법
생으로는 보관하기 어렵다. 빨리
사용하도록 한다. 나눠서 소쿠리에
펼쳐 건조시키거나 그대로 냉동할
수 있다.

항암 작용을 하는 환상의 버섯

잎새버섯은 인공재배가 가능해짐에 따라 손에 넣기 쉬워졌는데 예전에는 환상의 버섯이라고
했습니다. 일본어 이름은 마이타케(舞茸), 춤추는 버섯이라는 뜻으로, 버섯 채집꾼들이 산에서
발견하면 춤을 출 정도로 기뻐했고, 버섯의 모양이 갓이 춤을 추는 모습과 비슷하다는 데에서
유래된 것으로 전해지고 있습니다.
베타글루칸은 항종양 작용을 해 암 치료에 사용되고 있다고 130쪽에서 소개한 바 있습니다.
일본 고베약과대학에서는 쥐를 이용해 버섯류의 항암 작용을 연구한 결과 잎새버섯이 가장
강한 항암 작용을 나타냈다고 합니다.

다양한 암에 효과 있어

잎새버섯의 유효 성분은 베타글루칸의 일종인 MD-프랙션이라는 물질로, 다른 베타글루칸
보다 강력한 항종양 작용을 가지고 있습니다.
MD-프랙션은 암세포에 직접 작용해 암을 억제하지 않고 백혈구 등 면역세포의 작용을 높여
항암 작용을 발휘합니다. 유방암, 자궁암, 전립선암, 폐암 등에 효과가 있습니다.
한입 크기로 나눠 무침 또는 볶음요리로 만들거나 찌개에 넣어도 맛있습니다.

미역·다시마
후코이단에 항암 성분이 있다

알긴산, 후코이단

미역

칼륨

다시마

후코이단을 함유한 해조류

해조류에 공통적으로 함유된 항암 성분인 후코이단은 알긴산과 함께 해조류에 들어 있는 수용성 식이섬유로, 미끈미끈한 점액질 성분 가운데 하나입니다.

후코이단은 암세포의 아포토시스(Apoptosis)를 유도하는 작용을 하는 것으로 밝혀졌습니다. 아포토시스란 세포가 스스로 사멸하는 것입니다. 정상세포는 분열을 반복하다 자연적으로 사멸하지만 비정상세포인 암세포는 사멸하지 않고 증식을 반복합니다. 후코이단은 암세포만 표적으로 삼으며 암세포 표면에 구멍을 내 DNA를 파괴한 후 아포토시스로 유도함으로써 암세포를 사멸시키는 작용을 합니다.

후코이단은 신생혈관의 생성을 방해해 암세포 증식을 억제하는 효과도 있습니다. 신생혈관은 암세포와 정상세포를 연결해 암세포에 영양과 산소를 공급하는 역할을 하기 때문에 신생혈관이 없으면 암세포도 증식할 수 없겠죠.

또한 면역력을 향상시키는 작용도 합니다. 장관의 면역세포는 장관에 들어온 후코이단을 이물질로 인식하고 이에 대한 정보를 면역의 사령탑인 파이어판으로 보냅니다. 이때 다양한 면역세포에 공격 명령이 내려져 전신의 면역력이 향상됩니다.

항암에 관여하는 칼륨을 함유한 다시마

다시마는 그대로 먹기보다 국물을 내는 재료로 이용하는 경우가 많습니다.

큰실말 · 톳
후코이단이 암세포 자멸을 유도

알긴산, 후코이단

실말	톳

체내 미네랄 밸런스를 조절하는 칼륨, 뇌졸중이나 심근경색 등을 예방하는 마그네슘, LDL콜레스테롤의 산화를 막아 동맥경화를 예방하는 구리, 뼈와 치아를 튼튼하게 하는 칼슘 등을 함유하고 있습니다.

항산화 물질을 함유한 미역

미역은 초절임, 국 등에 사용되며, 항산화 작용이 강한 카로틴, 고혈압을 개선하는 칼륨, 뼈와 치아를 튼튼하게 하는 칼슘, 철결핍성 빈혈을 방지하는 철, 갑상선 기능을 돕는 요오드, 항산화 작용을 하는 셀레늄 등의 미네랄을 함유하고 있습니다.
미역은 알긴산이라는 식이섬유로 인해 미끈미끈한 성질을 가지고 있습니다. 알긴산은 콜레스테롤 수치를 저하시켜 동맥경화를 예방하고 항암, 당뇨병을 예방하는 작용을 합니다.

큰실말 · 톳도 추천

큰실말은 대부분 초절임으로 먹으며 가공 판매되고 있습니다. 뼈와 치아를 튼튼하게 하는 칼슘과 인, 고혈압을 개선하는 칼륨, 철결핍성 빈혈을 방지하는 철 등을 함유하고 있습니다.
톳은 생으로는 거의 유통되지 않으며 건조시킨 것이 대부분입니다. 미역과 같이 항산화 작용이 강한 카로틴이 풍부하며 칼슘, 칼륨, 철, 혈액순환을 돕는 마그네슘 등의 미네랄을 함유하고 있습니다. 조리거나 데쳐서 샐러드에 넣어 먹으면 됩니다.

참깨 · 올리브 · 아마 등
질 좋은 식물성 기름의 원료

일가불포화지방산

올리브유

적당히 섭취하면 좋다

N-3계 지방산

그린너트

N-6계 지방산

참깨

적당히 섭취하면 좋다

N-3계 지방산

들깨기름

적당히 섭취하면 좋다

N-3계 지방산

아마인유

적당히 섭취하면 좋다

세사미놀의 효용

참깨는 흰깨와 검은깨가 있으며 통깨, 껍질을 벗긴 참깨를 곱게 갈아 찐득하게 만든 참깨 페이스트, 볶아서 간 참깨 등을 과자나 요리에 첨가하고, 식물성 기름의 원료로도 사용합니다. 참깨는 양질의 단백질, 비타민B군, 비타민E가 풍부하며, 강력한 항산화 작용을 하는 세사미놀 성분을 함유하고 있습니다. 참깨 자체는 항산화성이 없지만 체내에서 장내 세균에 의해 분해된 후 장관으로부터 흡수되면 세사미놀로 변화합니다.

세사미놀은 많은 실험을 통해 항산화 작용이 확인되었으며 항산화 비타민의 대표주자인 비타민E보다도 강력한 것으로 밝혀졌습니다.

볶아서 갈아 바순 것을 그대로 먹거나 참기름으로 만들어 먹어도 세사미놀의 항산화 작용에 따른 효과를 기대할 수 있습니다.

식물성 기름의 원료인 종실류

올리브는 기원전 2000년 이전부터 식용되었다고 합니다. 어린 열매는 그린올리브, 흑자색으로 익은 열매는 블랙올리브라고 합니다. 생올리브는 쓴맛 성분을 많이 함유하고 있으므로 염장 처리해 전채요리나 샐러드 등에 사용하며 올리브유의 원료가 되기도 합니다. 그린너트는 아마존의 저지대에서 고지대에 걸쳐 분포하는 등대풀과 식물로, 선주민 시대부터 애용된 것으로 전해지고 있습니다. 오메가3지방산이지만 비타민E가 풍부하고 잘 산화되지 않아 가열 조리해 사용할 수 있으며, 그린너트오일의 원료가 됩니다.
아마는 아마과의 한해살이풀입니다.
아마의 성숙한 씨에서 짜낸 아마인유는 누르스름한 색을 띱니다. 자소과 자소속 다년초인 들깨는 잎이 자소와 비슷하며, 압착해 들기름을 만들 수 있습니다. 모두 양질의 식물성 기름 이지만 산화되기 쉬우므로 냉암소에 보관하고 개봉한 후에는 1개월 내에 사용하도록 합시다. 가열 조리에는 적합하지 않습니다.

질 좋은 식물성 지질을 섭취하자

소, 돼지 등의 동물성 지방은 포화지방산, 식물성 지방과 생선 기름은 불포화지방산을 많이 함유하고 있습니다. 포화지방산은 동맥경화를 초래할 수 있으므로 불포화지방산을 섭취하는 것이 좋습니다.(70쪽)
해바라기씨유, 대두유, 참기름 등에 함유된 리놀산은 불포화 지방산인 n-6계 지방산입니다. 적량을 섭취하면 콜레스테롤 수치를 저하시키지만 과다 섭취하면 알레르기 증상을 일으 킵니다.

등 푸른 생선의 지방에 함유된 EPA와 DHA, 자소유와 들깨기름, 아마인유 등에 함유된 알파리놀렌산은 n-3계 지방산으로, 동맥경화, 암, 치매 예방에 도움이 됩니다. 그러나 잘 산화되므로 신선한 것을 먹어야 합니다.
올리브유, 아몬드유, 카놀라유, 해바라기유 등은 일가불포화지방산으로, LDL콜레스테롤을 줄이고 HDL콜레스테롤을 늘려 동맥경화를 예방하며, LDL콜레스테롤의 산화를 막아 암도 예방합니다. 잘 산화되지 않아 조리유로 적합합니다.
식생활이 n-6계 다가불포화지방산에 치우치면 암 등 생활습관병에 걸릴 확률이 높아지므로 n-3계 다가불포화지방산, 일가불포화지방산의 섭취비율을 높이도록 합시다. 올리브유는 가격이 저렴하고 잘 산화되지 않으므로 조리유로 적합합니다.

사과
사과가 빨개지면 의사 얼굴이 파래진다

펙틴

사과

제철
1년 내내(품종에 따라 다름)

주요 영양소
펙틴(P79)
케르세틴(P83)
안토시아닌(P81)

보관법
저장성이 좋아 비교적 장기간
보관할 수 있다.

풍부한 폴리페놀이 활약

사과는 "장수의 비결", "의사가 필요 없다"고 할 정도로 옛날부터 건강에 좋은 과일로 여겨져 왔습니다. 사과의 열매는 케르세틴, 껍질은 안토시아닌 등 풍부한 폴리페놀을 함유하고 있으며, 모두 항산화 작용이 강해 암 예방에 도움이 됩니다. 그러나 시판되고 있는 주스 등은 이러한 활성 성분이 거의 손실되어 있으므로 큰 효과를 기대하기 어렵습니다.

특히 주목해야 할 영양소는 펙틴입니다. 펙틴은 장의 긴장을 진정시키거나 장내 부패균의 증식을 막아 장내 환경을 조절하는 효과가 있습니다. 따라서 사과는 소화관 암 예방에 매우 효과적인 과일입니다.

펙틴으로 발암이 억제되었다

일본 도야마대학의 다자와 겐지 명예교수가 진행한 연구에 따르면, 사과의 펙틴은 장내 pH를 산성화하고 유산균과 비피더스균의 번식을 촉진함으로써 세균인 웰시균 등을 줄이는 작용을 하는 것으로 나타났습니다. 결과적으로 위장에 관계하는 강력한 발암물질인 니트로소아민의 발생이 억제되어 대장암을 예방할 수 있습니다. 또 쥐 실험에서 일반적인 먹이를 주입한 그룹에 비해 사과펙틴을 첨가한 먹이를 주입한 그룹의 발암률이 60%나 억제되었다는 연구결과도 있습니다.

주스 레시피 P44~45, P47, P48~50, P53, P58, P60

레몬 · 자몽
비타민C의 항산화 작용에 기대

비타민C, 구연산
자몽

비타민C, 구연산
레몬

1일
2개

강한 항산화 작용을 하는 레몬

항산화 작용이 매우 강력한 레몬은 무병장수에 도움이 된다고 합니다. 고대 로마에서는 독사와 싸운 격투사가 레몬을 먹어 죽음을 면했으며, 18세기 영국의 해군은 레몬과 라임을 먹어 괴혈병을 치료했다고 합니다.

레몬의 기능성 성분은 비타민C, 구연산, 폴리페놀류입니다. 혈액의 흐름을 조절해 잘 응고되지 않게 하는 작용, 구연산이 미네랄을 뒤덮어 잘 흡수되게 하는 작용(킬레이트 작용) 등을 합니다. 특히, 항산화 작용이 매우 강해 암 예방에 효과적입니다. 암 환자가 레몬을 많이 먹어 호전되거나 치유된 사례도 있어 식사요법에서는 하루 2개를 섭취하도록 권장하고 있습니다.

주스 레시피 대부분의 주스에 사용

비타민C와 구연산으로 암 예방

자몽은 비타민C가 풍부하며, 폴리페놀의 일종인 나린진에 의해 쓴맛이 납니다. 자몽을 먹으면 식욕이 적당히 억제되는데 나린진이 포만감을 주기 때문입니다. 자몽에 함유된 구연산은 암을 예방하고, 껍질에 함유된 향 성분인 리모넨은 교감신경을 자극해 지방의 연소를 촉진한다는 설이 있습니다.

주스 레시피 P50~51, P54, P58

귤 · 오렌지
크립톡산틴의 항암 작용에 기대

크립톡산틴, 베타카로틴
비타민C

비타민C

귤

오렌지

풍부한 폴리페놀이 활약

카로티노이드와 비타민C의 보고라고 불리는 귤은 베타카로틴 함유량이 토마토의 약 2배,
비타민C 함유량이 레몬의 약 1/3이라고 합니다.
최근에는 귤에 함유된 크립톡산틴이라는 항산화 물질이 주목받고 있습니다. 크립 톡산틴은
카로틴의 일종으로, 항암 작용이 카로틴보다 강력한 것으로 알려졌으며, 동물실험을 통해
암 예방 효과가 증명되었습니다. 아울러 장내 환경을 조절하는 펙틴도 풍부 합니다. 껍질을
건조시킨 것을 진피라고 하는데 한방에서는 생약으로 사용합니다. 껍질은 헤스피리딘을
함유하고 있어 모세혈관을 튼튼하게 하는 효과가 있습니다.

주스 레시피 P46, P51, P60

구연산의 피로회복 효과

오렌지는 비타민C가 풍부하며, 체내에서 비타민A로 전환되는 카로틴, 미네랄 밸런스를
조절하는 칼륨 외에 칼슘, 인, 마그네슘 등도 함유하고 있습니다. 네이블오렌지는 비타민C
함유량이 일반오렌지의 약 1.5배에 달합니다.
오렌지와 비슷한 영양 성분을 가지고 있는 하귤은 신맛이 강한 감귤류입니다. 신맛은 구연산
때문이며, 암을 예방하거나 피로 회복을 돕습니다.

주스 레시피 P52, P54

수박 · 멜론 · 복숭아
맛있고 항산화 작용이 기대되는 과일

칼륨, 카로틴

| 수박 | 멜론 | 복숭아 |

여름철 수분 보충에 좋은 수박

수박은 카로틴과 칼륨이 풍부합니다. 이뇨 성분인 시트룰린은 칼륨과 함께 작용해 신장 기능을 돕고 고혈압 개선하며 암을 예방합니다.

주스 레시피 P53

비타민C가 풍부한 멜론

멜론은 항산화 작용이 강한 카로틴과 비타민C를 풍부하게 함유하고 있어 암, 생활습관병, 노화 예방에 도움이 됩니다. 미네랄 밸런스를 조절하는 칼륨도 풍부하며, 당질이 많고 식이섬유가 적어 위장이 약하거나 소화력이 떨어진 사람에게 좋습니다. 따라서 병문안 선물로 적합하다고 할 수 있습니다.

주스 레시피 P51, P53, P56

미량 영양소가 풍부한 복숭아

복숭아는 과육이 하얀 백도, 노란 황도 외에 빨간 것이 있습니다. 백도는 폴리페놀의 일종인 플라보노이드, 황도는 카로틴, 빨간 것은 안토시아닌을 각각 많이 함유하고 있습니다. 모두 항산화 작용이 강해 암, 동맥경화, 노화 예방에 도움이 됩니다.

주스 레시피 P52, P54

배 · 서양배 · 프룬
최강 항산화 작용을 자랑하는 프룬

안토시아닌, 갑상선암

| 배 | 서양배 | 프룬 |

1일
1~2큰술

식이섬유가 독특한 배

배는 돌세포의 영향으로 까슬까슬하고 오돌토돌한 식감을 가집니다. 돌세포는 과육의 세포벽이 딱딱하게 굳은 것으로, 소화가 잘 되지 않아 장을 조절함으로써 변비를 개선합니다.

칼륨이 풍부한 서양배

서양배는 혈압을 높이는 나트륨을 체외로 배출시키는 칼륨을 풍부하게 함유하고 있어 고혈압과 암 예방에 도움이 됩니다. 식이섬유도 풍부해 장내 환경을 조절하며, 구리 성분도 많아 철 성분 흡수를 돕습니다.

주스 레시피 P58

프룬은 기적의 과일

프룬은 생으로 먹어도 좋지만 과즙이나 과육을 응축해 페이스트 형태로 만들거나 건조시키면 영양이 훨씬 풍부해집니다.
영어로는 "Miracle Fruit"라고 할 정도로 항산화 작용이 강해 암 예방에 적극 권장하는 과일입니다. 프룬 특유의 짙은 자색은 안토시아닌 때문이며, 갑상선암에 좋다고 합니다.
미국 농무성 터프츠대학교 노화연구센터는 연구를 통해 프룬이 다양한 채소, 과일, 콩류 가운데 항산화 작용이 가장 강하다는 것을 증명했습니다. 이는 클로로겐산 때문이며, 이밖에도 아직 밝혀지지 않은 항산화 성분이 함유되어 있는 것으로 알려졌습니다.
과즙이나 과육을 응축한 농축액을 매일 1~2큰술씩 먹으면 효과적으로 암을 예방할 수 있습니다.

주스 레시피 P52, P58

딸기 · 블루베리 · 포도
비타민C, 펙틴, 안토시아닌의 항암 작용

비타민C

딸기

안토시아닌

블루베리

안토시아닌, 레스베라트롤

포도

1일 10g

펙틴이 풍부한 딸기

비타민C의 보고로 불리는 딸기는 중간 크기 5~6개면 하루에 필요한 비타민C를 충족시킬 수 있으며, 면역력을 높여 암과 노화를 예방합니다. 식이섬유인 펙틴도 비교적 많이 함유하고 있어 장내 환경을 조절해 변비 개선, 대장암 예방을 돕습니다.

주스 레시피 P47, P51, P52, P54

항산화력이 강한 블루베리

블루베리는 최근에 특히 인기를 끌고 있는 과일로, 청자색 색소인 안토시아닌을 풍부하게 함유하고 있습니다. 인간이 망막으로 빛을 감지할 때 필요한 로돕신의 생성을 도와 시야를 확대하거나 야간 시력을 향상시키는 효과가 있습니다. 강력한 항산화 작용으로 활성산소를 제거해 암, 동맥경화, 노화를 예방합니다.

주스 레시피 P52

항암 작용을 돕는 포도

와인의 원료인 포도는 세계적으로 생산되고 있습니다. 붉은 포도껍질의 색소는 폴리페놀의 일종인 안토시아닌을 함유하고 있어 암, 동맥경화, 노화를 예방합니다. 적포도와 레드와인에 들어있는 레스베라트롤이라는 성분은 발암을 억제하는 효과가 있습니다.

주스 레시피 P49, P58

감 · 유자 · 무화과
일본 고유의 과일도 항암 작용을 한다

크립톡산틴
감
대장암

구연산
유자

칼륨, 펙틴
무화과
대장암

대장암을 예방하는 감

카로틴이 풍부한 감은 면역기능을 도와 감기를 예방하고 스트레스에 대한 저항력을 향상시킵니다. 크립톡산틴도 함유하고 있으며, 수용성 식이섬유인 펙틴도 많아 대장암을 예방하는 효과가 있습니다. 칼륨도 풍부합니다.

주스 레시피 P47, P51, P58

병을 퇴치하는 유자

독특한 향과 강한 산미를 가진 유자는 차와 양념으로 많이 활용됩니다. 유자를 먹으면 감기에 잘 걸리지 않는다고 하여 일본에는 동짓날 유자로 목욕하는 풍습이 있습니다. 유자는 암 예방, 피로 회복, 혈관 강화에 도움이 되는 구연산, 숙신산, 사과산 외에 비타민C, 비타민E 등을 풍부하게 함유하고 있습니다. 향기 성분으로 리모넨, 테르피넨, 리날로올, 알파피넨 등도 함유하고 있습니다.

주스 레시피 P60

칼륨과 펙틴이 풍부한 무화과

무화과에 풍부하게 함유된 칼륨은 나트륨을 체외로 배설시켜 체내 미네랄 밸런스를 조절함으로써 암을 예방합니다. 무화과는 식이섬유인 펙틴도 풍부해 변통을 개선하고 대장암을 예방합니다. 변통이 좋으면 콜레스테롤, 당분, 염분을 효율적으로 배출할 수 있어 생활습관병 예방에 도움이 됩니다.

과일

키위 · 파인애플 · 망고
남국 과일의 항암 작용

안토시아닌

키위

비타민C

파인애플

카로틴

망고

암을 예방하는 키위

키위는 비타민C, 칼륨, 식이섬유를 풍부하게 함유하고 있습니다. 일본 도호쿠대학 오쿠보 가즈요시 팀은 연구를 통해 키위에 활성산소를 제거하는 두 종류의 항산화 물질이 들어있다는 사실을 밝혀냈습니다. 또 키위는 단백질 분해효소를 함유하고 있어 육류 요리의 소화 흡수를 돕는 역할을 합니다.

주스 레시피 P54

소화를 촉진하는 파인애플

파인애플은 독특한 산미가 있는 단맛이 매력적인 열대과일로, 비타민C를 함유하고 있습니다. 산미 성분은 구연산으로 피로 회복, 암 예방을 돕습니다. 당질을 에너지로 만들 때 필수적으로 필요한 비타민B1과 식이섬유도 풍부합니다. 브로멜린이라는 단백질 분해효소도 함유하고 있어 육류나 생선 요리와 함께 먹으면 소화 · 흡수에 도움이 됩니다.

주스 레시피 P56

카로틴이 풍부한 망고

망고는 열대에서 아열대 지역에 걸쳐 재배되는 과일입니다. 선명한 노란색 과육은 항산화 작용이 강한 카로틴을 풍부하게 함유하고 있어 면역력을 높이고 암과 노화를 예방합니다.

주스 레시피 P56

흰 살 생선
연어의 아스타산틴에 항암 효과가 있다

EPA, DHA

정어리

연어는 흰 살 생선의 일종

생선은 붉은 살보다 흰 살 생선이 암 예방에 효과적입니다. 참치나 가다랑어와 같은 붉은 살 생선은 미오글로빈이라는 산화하기 쉬운 성분을 함유하고 있습니다. 건강한 사람에게는 영양분이 되지만 암 환자 또는 암 치료를 마친 사람들은 피하는 것이 좋습니다.

가자미, 대구, 넙치 등 흰 살 생선을 통해 하루 한번 동물성 단백질을 섭취하도록 합시다. 특히, 연어를 추천합니다. 연어는 살이 붉은 색이어서 붉은 살 생선으로 착각할 수 있으나 흰 살 생선입니다.

채소와 과일은 카로티노이드에 의해 붉은 색을 띠는데 연어, 송어와 같은 생선의 붉은 색소도 아스타산틴이라는 카로티노이드의 일종입니다. 아스타산틴은 면역기능을 강화해 암을 억제하는 효과가 있는 것으로 밝혀졌습니다.

일본 미야자키 대학의 농학부 연구팀은 암세포를 이식한 쥐에게 아스타산틴을 주입하자 암세포 증식이 억제된다는 사실을 확인했습니다. 더욱 자세히 연구한 결과 아스타산틴은 면역세포 중에서도 특히 림프구의 T세포 기능을 강화해 암 발병 뿐만 아니라 전이, 재발을 막는 효과도 있는 것으로 밝혀졌습니다.

등 푸른 생선
DHA를 많이 섭취하면 암에 걸리지 않는다

EPA, DHA

전갱이

항암을 돕는 DHA

전갱이, 정어리, 꽁치와 같은 등 푸른 생선은 신선한 것을 먹어야 합니다. 등 푸른 생선에 많이 함유된 DHA(Docosa Hexaenoic Acid)는 암 뿐만 아니라 뇌졸중 등 생활습관병을 예방하고 개선하는 데 도움이 되는 것으로 알려졌습니다. 예전에는 생선 지방을 소·돼지고기의 지방과 같은 동물성 지방으로 여겨 되도록 먹지 않는 것이 좋다고 생각했습니다.

그러나 뇌경색, 심근경색, 암 발병률이 적은 그린란드의 이누이트를 대상으로 연구한 결과 이누이트가 먹는 바다표범과 생선의 지방에 함유된 DHA가 암, 심근경색, 뇌경색을 막는 것으로 밝혀졌습니다.

쥐를 이용한 실험에서도 DHA에 유방암, 대장암 예방 효과가 있는 것으로 나타났습니다. 또 암세포의 증식을 촉진하는 프로스타글란딘E2의 생성을 억제해 암 증식 및 전이 방지에 효과적이라고 합니다. DHA 섭취량이 많을수록 암에 걸리지 않는다는 조사 결과도 있습니다. 아울러 DHA는 아토피성 피부염을 억제하는 효과도 있습니다.

등 푸른 생선은 DHA와 함께 EPA(Eicosapentaenoic Acid)라는 지방도 함유하고 있는데 DHA와 같은 작용을 하는 것으로 알려졌습니다.

EPA는 혈전을 막거나 혈중 중성지방을 감소시켜 동맥경화를 예방합니다. 따라서 생활습관병을 예방하기 위해 적극적인 섭취를 권장합니다.

등 푸른 생선의 지방은 산화되기 쉬우므로 신선한 것을 먹어야 합니다.

석쇠 등에 구우면 좋은 지방이 파괴되며, 회로 먹으면 DHA와 EPA를 효율적으로 섭취할 수 있습니다.

새우 · 오징어 · 문어
건강한 단백질 공급원

베타인

새우

타우린

문어

저지방, 고단백 건강식품

아미노산인 베타인은 오징어, 새우에 함유되어 있으며 감칠맛을 내는 성분입니다. 베타인은 호모시스테인을 메티오닌으로 변환시키는 작용을 합니다.

호모시스테인은 필수 아미노산 중 하나인 메티오닌이 간장에서 대사되는 과정에서 생기는 중간 산물입니다.

호모시스테인은 발생된 후 다시 대사 과정을 거쳐 아미노산인 시스테인으로 변하는데 이때 비타민B군이 부족하면 시스테인으로 변하지 않아 호모시스테인이 그대로 축적됩니다. 이렇게 과잉 축적된 호모시스테인은 활성산소에 의해 산화되면 혈관을 막아 동맥경화를 일으킵니다.

메티오닌은 주로 간에서 기능하는 아미노산으로, 유해물질을 제거하고 노폐물을 배설시키며 콜레스테롤과 중성지방을 분해하는 작용을 합니다. 또 항산화 성분인 셀레늄을 온몸으로 보내 활성산소에 따른 피해를 막는 역할을 합니다.

따라서 오징어나 새우를 먹으면 몸에 좋지 않은 호모시스테인이 몸에 좋은 메티오닌으로 전환되어 암, 고지혈증, 동맥경화, 지방간 등을 예방 · 개선할 수 있습니다.

타우린이 온몸의 상태를 개선한다

타우린은 아미노산과 같은 화합물(아미노산과 비슷하나 단백질에는 합성되지 않는 물질)의 일종으로, 문어, 게, 오징어, 조개류 등 어패류에 많이 함유되어 있습니다. 마른 오징어 표면에 있는 흰 가루는 타우린이 응축된 것입니다.

게 · 모시조개 · 굴 등
바다의 우유로 불릴 만큼 영양이 풍부한 굴

타우린

오징어

타우린

모시조개

타우린은 인간의 체내에 있는 모든 장기에 존재하면서 생명활동 유지에 중요한 역할을 담당합니다.

따라서 타우린이 부족하면 전신에 이상 증상이 나타납니다. 간과 심장 이상, 콜레스테롤과 중성지방 증가, 동맥경화, 뇌졸중, 피로 등 증상은 매우 다양합니다.

건강한 상태라면 문제없지만 피곤하거나 병에 걸리거나 암을 일으키는 대사 · 영양장애가 발생하면 타우린이 부족하다는 증거일 수도 있습니다. 이럴 때에는 문어, 게, 오징어, 바지락, 모시조개, 대합, 굴 등을 통해 타우린을 섭취하면 상태가 개선됩니다.

단, 암 치료 중인 환자는 평소 먹던 양의 절반 정도만 섭취해야 합니다.

생명 유지에 필요한 아연을 함유한 굴

굴은 아연을 풍부하게 함유하고 있으며, 바다의 우유라고 불릴 정도로 영양이 풍부합니다.

건강과 생명을 유지하기 위해서는 다양한 영양소가 필요한데 특히 아연이 중요한 역할을 합니다. 최근에는 아연 부족에 의한 것으로 여겨지는 병이나 증상이 증가하고 있으며, 아연 부족과 발암의 관계에 대한 연구도 이루어지고 있습니다.

닭고기

방목해 키운 양질의 닭을 고른다

닭고기

인간은 원래 초식동물

동물성 단백질, 특히 소, 돼지와 같은 사족보행 동물의 단백질과 지방을 과다 섭취하면 암의 발병과 악화가 촉진되는 것으로 나타나고 있습니다.

사람이 고기를 먹게 된 것은 그리 오래된 일이 아닙니다. 특히, 일본경우 일부지역을 제외하고 소와 돼지를 거의 먹지 않았습니다. 지역에 따라 돼지고기를 먹는 곳은 있었으나 소고기는 메이지유신 이후 먹기 시작했습니다.

인간은 원래 초식동물인데 침의 효소 성분을 보면 알 수 있습니다. 인간의 침은 식물에 함유된 전분을 소화하기 위해 아밀라아제 효소 활성 기능이 매우 높아져 있습니다. 바로 식물을 먹어왔기 때문이겠죠. 반대로 육식동물은 아밀라아제 효소 활성이 0이라고 합니다.

동물성 단백질은 닭고기와 어패류로

그렇다고 해서 동물성 단백질을 아예 먹으면 안 된다는 것은 아닙니다. 건강한 사람이라면 과다 섭취하지만 않으면 됩니다. 다만, 품질에 주의해야 합니다. 햇볕이 잘 들지 않거나 통풍이 잘 되지 않는 좁은 우리에서 사육된 닭은 먹이에 항생물질이 섞여있을 수도 있습니다. 따라서 되도록 자연에 가까운 상태로 방목된 질 좋은 닭고기를 선택하길 바랍니다. 지방과 콜레스테롤이 적은 가슴살은 하루 한 번 먹어도 괜찮습니다.

육류

달걀

사육방식에 따라 품질이 크게 달라진다

달걀

1일
1개

균형 잡힌 영양을 가진 완전식품

달걀은 "콜레스테롤이 많아 LDL콜레스테롤을 증가시킨다", "알레르기의 원인이 된다"고 여겨진 적이 있습니다. 그러나 최근 건강하면 달걀을 매일 먹어도 콜레스테롤 수치가 높아지지 않는 것으로 밝혀졌습니다.

노른자에 함유된 콜린은 뇌를 활성화시켜 뇌의 노화를 예방하며, 흰자에 함유된 리조팀은 면역력을 향상시키는 작용을 합니다.

달걀은 대부분의 영양소를 균형 있게 함유한 건강식품이므로 질 좋은 것이라면 매일 한 개씩 먹어도 문제없습니다.

질 좋은 것을 고른다

좁은 우리에 몰아넣어 키우지 않고 방목해 곡류나 조개껍데기 등 자연먹이를 먹여 건강하게 키운 닭이 낳은 알이 좋습니다. 어분이 섞인 먹이를 먹은 닭의 알이 알레르기를 일으킨다는 지적도 있는데 이러한 달걀은 산화물질을 함유하고 있어 암 예방에 도움이 되지 않습니다.

최근에는 안전성을 고려해 식품의 생산부터 가공, 유통 등의 과정을 파악할 수 있는 생산 이력 시스템(192쪽)이 보급되고 있으므로 생산자의 정보를 찾아본 후 품질이 좋은 것을 구입하도록 합시다. 질 좋은 달걀은 가격이 비교적 비쌀 수밖에 없지만 건강을 생각해 현명하게 선택하기를 바랍니다.

요구르트
장내 환경 조절에 필수

플레인 요구르트

1일
300g

면역력을 높이는 유산균

장 속에는 약 300종, 100조개에 이르는 세균이 존재합니다. 장내 세균은 크게 두 종류로, 건강에 도움이 되는 착한 균과 병을 일으키는 나쁜 균으로 분류할 수 있습니다. 나쁜 균이 많아지면 유해물질과 세균의 독소가 장내에 쌓여 대장암을 시작으로 다양한 병에 걸릴 확률이 높아집니다. 반대로 착한 균이 많으면 나쁜 균의 번식을 막아 발암이 억제됩니다.
대표적인 착한 균은 유산균입니다. 유산균이 많이 번식하면 장내가 산성화되어 나쁜 균의 번식과 활동이 억제됩니다.

위암 예방에 좋은 요구르트

장내에 유산균이 많아지게 하기 위해서는 요구르트를 먹어야 합니다. 요구르트는 유산균 자체를 함유하고 있기 때문입니다.
또한 요구르트는 유산균의 먹이인 올리고당도 함유하고 있습니다. 대두, 꿀, 양파 등도 유산균의 먹이를 함유하고 있습니다.
요구르트를 적극적으로 섭취하면 위암을 일으키는 헬리코박터 파일로리도 억제할 수 있습니다.
요구르트는 그대로 먹어도 되고, 과일과 함께 주스로 만들어 먹으면 비타민과 미네랄을 함께 섭취할 수 있습니다.
단맛이 적은 플레인 요구르트는 꿀과 함께 먹어도 됩니다.

주스 레시피 P52

꿀
매일 2큰술로 면역력을 키운다

꿀

1일
2큰술

약으로도 사용되던 꿀

꿀은 오래전부터 면역력을 높이는 식품으로 귀하게 여겨졌습니다. 고대 이집트 유적에 양봉하는 모습이 그려진 것이 있으며, 구약성서에도 꿀이 등장합니다.

꿀은 비타민K, 아연 등 비타민과 미네랄이 풍부하고 젖산, 구연산, 숙신산 등을 함유하고 있어 구연산회로(164쪽)가 원활하게 작동되도록 도와 암을 예방합니다. 또 pH4 정도의 약산성이어서 부패하지 않는 특징이 있으며, 살균력도 뛰어납니다.

장내 환경을 조절한다

일본 교토대학 야모리 명예교수의 연구에 따르면, 장수자가 많은 그루지아, 아제르바이잔에서는 꿀을 감미료나 약으로 사용한다고 합니다. 이 지역 사람들은 요구르트도 많이 먹어 상승효과로 장내 환경이 조절되어 면역력이 높아지는 것으로 파악되고 있습니다.

꿀은 하루에 2큰술 정도 먹는 것이 좋습니다. 다만, 품질에 유의해야 합니다. 되도록 순도가 높고 농약의 영향이 없는 것을 구매하기를 바랍니다. 그대로 먹거나 요구르트, 채소·과일주스에 첨가하면 단맛이 더해져 맛이 한층 더 좋아집니다.

주스 레시피 P50~51, P52, P60

녹차 잎
카테킨의 강력한 산화 작용이 항암에 효과적

카테킨

녹차 잎

위암

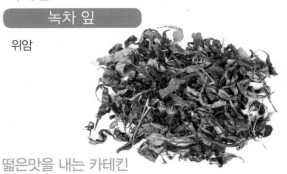

떫은맛을 내는 카테킨

녹차도 건강식품으로 인기가 있습니다. 떫은맛을 내는 성분인 카테킨은 항산화 작용이 강한 것으로 잘 알려져 있어 카테킨을 함유한 녹차가 건강음료로 인기가 높은 것입니다.
홍차도 녹차 잎으로 만들지만 녹차 잎을 발효해 사용하기 때문에 녹차와 성분이 약간 다릅니다. 홍차는 테아플라빈, 케르세틴 등 항산화 작용을 하는 폴리페놀을 함유하고 있습니다.

카테킨의 항산화 작용

카테킨은 지질의 산화를 억제합니다. 또 세포막의 산화를 막아 항암 작용을 해 위암 예방에 효과가 있습니다.
강한 항균 작용으로 구취와 충치를 예방하므로 녹차를 이용해 양치질을 하는 것도 좋습니다.
아울러 지방의 연소를 촉진해 비만을 예방합니다. 또 혈중 중성지방과 LDL콜레스테롤의 증가를 억제하고 혈압과 혈당치를 안정시켜 대사증후군 예방을 돕습니다.
녹차 잎을 처음 우릴 때 가장 많이 추출되며, 두 번째에는 약 절반만 추출되고, 세 번째에는 크게 줄어듭니다.
녹차 잎은 한번 우린 후에 오랫동안 방치하면 산화되어 오히려 몸에 악영향을 미칠 수 있습니다. 그러므로 오래 방치한 것은 섭취하지 않는 것이 좋습니다.

제4장

암 에서
벗어나는
식생활

미국에서는 암이 감소하고 있다

1990년대부터 미국의 암 환자가 감소하기 시작했다

미국은 암 환자 수가 매년 감소하고 있습니다(다음 쪽). 1973년부터 1989년까지는 암에 따른 사망자가 매년 증가했으나 1990년 이후 조금씩 감소하기 시작했습니다. 미국은 도대체 왜 암 사망률이 낮아지고 있는 것일까요?

이는 1977년 발표된 통칭 "맥거번 보고서"의 영향이라고 할 수 있습니다.

미국은 당시 심장병, 암, 뇌경색과 같은 질병이 계속 증가해 의료비가 국가재정을 압박하고 있었습니다. 1975년 당시 미국 대통령이었던 제럴드 포드는 세계 최고의 의료 기술을 자랑하는 미국에서 왜 암과 심장병이 늘어나는지 의문시되자 원인을 규명하기 위해 "영양문제특별위원회"를 개설했습니다.

식생활을 개선하면 면역력이 높아진다

이때 "미국 상원 영양문제특별위원회 보고서(통칭 맥거번 보고서)"가 발표되었습니다. 암, 심장병, 뇌졸중, 당뇨병은 잘못된 식생활이 원인으로, 이러한 질병을 예방하기 위해서는 인간의 자연치유력(면역력)을 향상시켜야 하며, 식품이 매우 중요한 역할을 한다는 내용이었습니다.

이에 따라 미국 식품의약국(FDA)는 1979년 건강에 관한 목표를 담은 "Healthy People"을 만들었으며, 현재 까지 이어지고 있습니다. 1990년에는 미국 국립암연구소가 "디자이너 푸드 프로젝트"를 통해(158쪽) 암을 예방할 수 있는 채소를 적극적으로 섭취할 것을 권장했습니다.

미국은 국가 차원에서 명확하고 강력한 건강 관련정책을 세워 국민들이 대응한 결과 암이 감소한 것입니다.

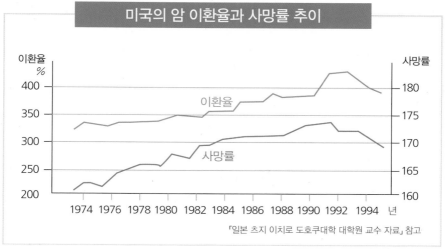

미국의 암 이환율과 사망률 추이

이환율 %

사망률

「일본 츠지 이치로 도호쿠대학 대학원 교수 자료」 참고

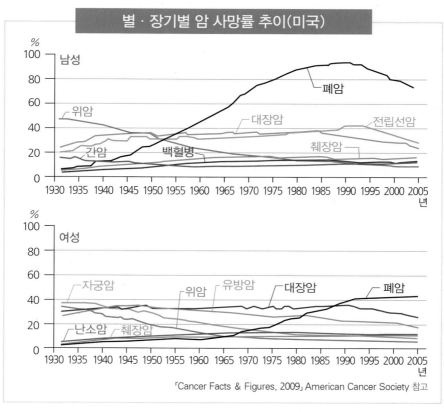

별 · 장기별 암 사망률 추이(미국)

남성

폐암
위암
대장암
전립선암
간암
백혈병
췌장암

여성

자궁암
위암
유방암
대장암
폐암
난소암
췌장암

「Cancer Facts & Figures, 2009」 American Cancer Society 참고

잘못된 식생활이 암을 부른다

질병과 식생활은 밀접한 관계가 있다

영양문제특별위원회는 19세기 이후 미국의 질병 상황과 식생활 변화를 조사한 결과 150년 전에는 장티푸스나 결핵 등 세균 감염에 의한 사망자가 많았고 암, 심근경색, 뇌졸중과 같은 질병에 의한 사망자는 거의 없었다는 것을 밝혀냈습니다. 세계적으로는 유럽이 미국과 비슷한 상황이었으며 아프리카, 아시아, 중동 등은 아직까지도 암과 같은 질병이 적다는 사실을 알아냈습니다.

따라서 미국과 유럽의 150년 전과 현재의 차이, 그리고 개발도상국과의 차이는 식생활이라는 결론을 내렸습니다.

당시 미국의 식사가 질병을 만들었다!

5000쪽에 달하는 맥거번 보고서에는 다음과 같이 기재되어 있습니다.

"육식 중심인 현재의 식사는 매우 부자연스럽고 좋지 않다. 현재의 잘못된 식생활은 암, 심장병, 뇌졸중과 같은 질병은 일으킨다. 이러한 질병은 약으로는 치료할 수 없다. 식생활을 개선하지 않으면 문제를 해결할 수 없다"

"의학은 지금까지 식사와 질병의 관계, 즉 영양의 기본적인 문제를 무시해왔다. 병원균만 퇴치하면 된다는 생각에 지배되어 영양에 대해 알지 못하는 의사들이 태어났다"

"병을 치료하는 것은 몸의 회복능력. 이를 향상시키는 것은 식품에 함유된 영양소"

"이 사실을 인정하고 바로 식생활을 개선해야한다"

라며 식생활을 개선할 것을 호소했습니다. 구체적으로는 육류 중심인 고열량·고지방 동물성 식품의 섭취를 줄이고 되도록 정제하지 않은 곡물, 채소, 과일을 많이 섭취할 것을 권장했습니다. 이를 계기로 미국의 식생활이 변화함에 따라 암 환자와 사망자 수가 감소했습니다.

최근에는 세계암연구기금과 미국암연구재단이 공표한 〈암 예방 14개조〉(1997년 발표)가 신뢰성이 가장 높은 것으로 알려지고 있습니다.

암 예방 14개조

제1조 ● 식사는 식물성 식품을 중심으로 한다. 채소, 과일, 콩류, 정제도가 낮은 전분질의 주식 등 되도록 많은 종류의 음식물을 섭취한다.

제2조 ● 체중은 BMI(체중(kg)을 키(m)의 제곱으로 나눈 수치) 18.5~25.0을 유지해 비만을 피한다.

제3조 ● 하루 한 시간 빠르게 걷기, 일주일에 한 시간 강한 운동을 해 몸을 움직이는 습관을 유지한다.

제4조 ● 채소와 과일을 하루 400~800g 섭취한다.

제5조 ● 채소와 과일을 제외한 식물성 식품, 즉 곡류, 콩류, 알뿌리류, 바나나 등은 하루 총 600~800g 섭취한다.

제6조 ● 음주는 피한다. 불가피하다면 남성은 하루에 맥주 500㎖, 와인 200㎖, 위스키 50㎖ 이하만 마신다. 여성은 남성의 반으로 절제한다.

제7조 ● 소고기, 돼지고기, 양고기 등 붉은 고기 섭취량은 하루 80g 이하.

제8조 ● 지방 섭취를 줄여 총 에너지 양의 15~30%로 한다. 특히, 동물성 지방을 절제하고 식물성 기름을 사용한다.

제9조 ● 염분 섭취량은 하루 6g 이하. 향신료, 허브류로 대체해 소금 사용을 줄인다.

제10조 ● 곰팡이에 주의한다. 음식물을 상온에 방치하지 말고 곰팡이가 생긴 것은 먹지 않는다.

제11조 ● 잘 썩는 음식물은 냉장고, 냉동고에 보관한다.

제12조 ● 식품첨가물, 농약에 주의한다. 적절한 규제가 있다면 특별히 우려하지 않아도 된다.

제13조 ● 탄 음식을 피하고 직화구이, 염장식품을 절제한다.

제14조 ● 위 사항들을 지키면 영양보충식품을 굳이 섭취하지 않아도 된다.

* 여기에 금연이 추가된다. 담배의 발암성은 명확하므로 여기에서 굳이 소개하지 않았다.

미국의 식생활 변화

국가가 앞장서 암 억제 효과가 높은 식품을 권장한 프로젝트

미국은 1990년 암 예방에 효과가 있는 식물성 식품에 관한 연구 "디자이너 푸드 프로젝트"를 진행해 암 억제 효과가 높은 식품을 정리한 "디자이너 푸드 피라미드"를 공표한 후 이 식품들의 섭취를 권장했습니다.

이후에도 세계적으로 암과 식사에 관한 연구가 계속되었습니다. 특히, 영국 옥스퍼드대학 명예교수인 리차드 돌 박사의 연구가 주목을 받았습니다. 돌 박사는 다양한 역학연구를 토대로 "암의 원인은 30%가 흡연, 35%가 식사이며, 술과 약제, 첨가물 등을 포함하면 50% 가까이가 식품(입으로 들어가는 것)"이라고 말했습니다.

또 미국 뉴욕에 있는 코넬대학의 콜린 캠벨 교수는 동물성 단백질의 발암성을 나타내는 데이터를 모아 〈차이나 스터디〉를 저술했습니다. 중국과 일본의 식사가 건강식이라고 생각해 제목을 〈차이나 스터디〉라고 지었다고 합니다.

암을 예방하려면 식물성 식품을 중심으로

미국인들은 매일 거대한 스테이크를 먹을 것 같은 이미지가 있으나 최근 미국에서는 채소 소비량이 늘었으며 두부와 초밥이 인기라고 합니다. 로스앤젤레스에는 초밥 음식점이 수백개 이상 있으며, 미국뿐만 아니라 유럽에서도 일본식이 인기를 모으고 있습니다.

식물성 식품과 어패류 중심의 식사가 암을 예방할 뿐만 아니라 건강을 증진시킬 수 있는 중요한 포인트라는 사실이 세계적으로 알려지면서 건강식으로 일본식이 크게 주목받고 있는 것입니다.

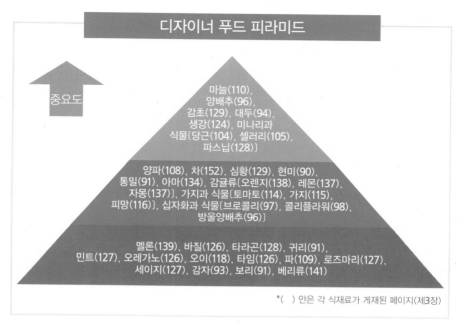

디자이너 푸드 피라미드

중요도

마늘(110),
양배추(96),
감초(129), 대두(94),
생강(124), 미나리과
식물[당근(104), 셀러리(105),
파스닙(128)]

양파(108), 차(152), 심황(129), 현미(90),
통밀(91), 아마(134), 감귤류[오렌지(138), 레몬(137),
자몽(137)], 가지과 식물[토마토(114), 가지(115),
피망(116)], 십자화과 식물[브로콜리(97), 콜리플라워(98),
방울양배추(96)]

멜론(139), 바질(126), 타라곤(128), 귀리(91),
민트(127), 오레가노(126), 오이(118), 타임(126), 파(109), 로즈마리(127),
세이지(127), 감자(93), 보리(91), 베리류(141)

*( ) 안은 각 식재료가 게재된 페이지(제3장)

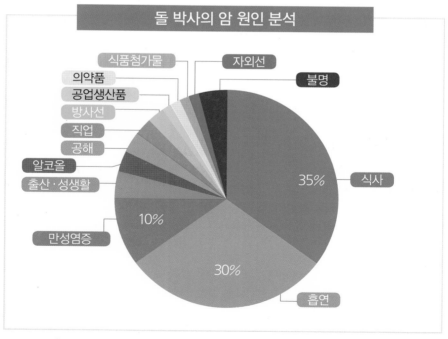

돌 박사의 암 원인 분석

식품첨가물
의약품
공업생산품
방사선
직업
공해
알코올
출산·성생활
만성염증
자외선
불명
식사
흡연

35%
30%
10%

미국이 인정한
겐로쿠 시대까지의 식사

미국이 인정한 것은 겐로쿠 시대 이전의 일본식이었다

맥거번 보고서에는 동물성 지방과 정제·가공한 당분의 섭취를 줄이고 채소, 콩류, 해조류 등 식물성 식품을 많이 섭취하며 탄수화물은 미정백 곡물이 바람직하다고 적혀 있습니다. 인간은 원래 초식동물이며 고기를 먹지 않았습니다. 전분을 분해하는 침 속의 효소인 아밀라아제 활성을 보면 알 수 있습니다(다음 쪽).

맥거번 보고서에서 "세계에서 딱 한 곳만 이상적인 식생활을 하고 있으며 이 국가 사람들은 장수한다"고 인정받은 국가가 있는데 바로 일본입니다. 그러나 현대 일본이 아니라 지금으로부터 약 300년 이상 전 정미 기술이 발달하지 않았던 겐로쿠 시대(1688~1705년) 이전을 말하는 것입니다.

현대 일본식은 건강식과 거리가 있다

겐로쿠 시대 이전의 일본인들은 대부분 정제하지 않은 곡물을 주식으로 삼았으며 계절채소나 해조, 생선 등을 먹었습니다. 겐로쿠 시대 이전만큼은 아니지만 1960년대 무렵까지 일본인의 식사는 대부분 섭취하는 에너지 가운데 지방이 차지하는 비율이 낮았으며, 탄수화물을 시작으로 채소, 버섯류, 해조류, 콩류가 주류를 이루었습니다. 맥거번 보고서가 인정한 식사에 걸맞은 요소들이 있었습니다.

그러나 이후 일본인의 식생활은 "서구화"되어 고지방 육류를 많이 먹게 되었으며 칼로리를 과다 섭취하는 형태가 되었습니다. 또 보존료 등 식품첨가물이 들어간 가공식품을 언제 어디서든 구입할 수 있는 환경이 조성되었습니다. 이렇게 전통적인 일본식과는 점점 멀어지면서 암을 비롯한 생활습관병이 늘어나고 있습니다. 30여 년 전 맥거번 보고서에 언급된 "매우 부자연스럽고 좋지 않은 식사"가 현대 일본에 나타나게 된 것입니다.

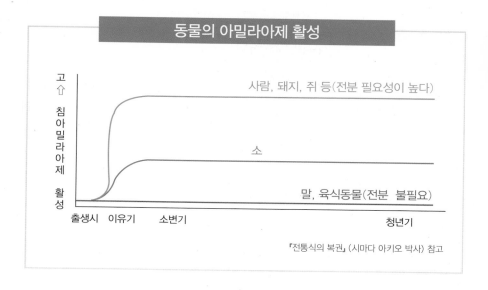

동물의 아밀라아제 활성

고
↑
침 아밀라아제 활성

사람, 돼지, 쥐 등(전분 필요성이 높다)

소

말, 육식동물(전분 불필요)

출생시 이유기   소변기   청년기

『전통식의 복권』 (시마다 아키오 박사) 참고

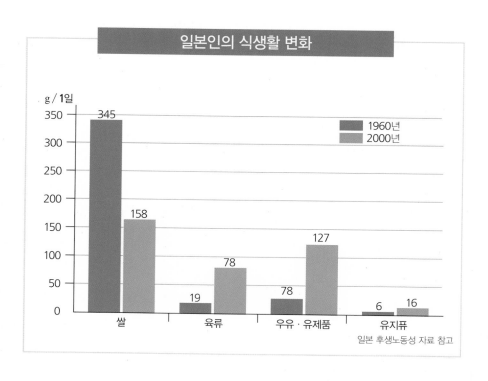

일본인의 식생활 변화

g / 1일

345

158

19

78

78

127

6

16

1960년
2000년

쌀   육류   우유·유제품   유지퓨

일본 후생노동성 자료 참고

장수국가에서 암이 줄어들지 않는 현실

60년간 평균 수명이 30년이나 늘어난 일본인

세계 최고의 장수국가인 일본은 평균 수명이 1947년 남성 50.06세, 여성 53.96세에서 2007년 남성 79.19세, 여성 85.99세로 60년간 각각 29년, 30년가량 늘었습니다.

60년 전 일본인의 수명이 짧았던 이유는 주로 감염증 때문이었습니다. 비위생적인 환경, 나쁜 영양 상태의 영향으로 결핵을 비롯한 여러 감염증으로 사망한 사람이 많았던 것이죠. 특히, 저항력이 떨어지는 영유아의 사망률이 매우 높았습니다.

이후 일본은 경제 성장과 동시에 영양 상태가 개선되었습니다. 의료도 발달해 감염증이 억제됨에 따라 수명이 대폭 늘어나게 되었습니다.

다만, 평균 수명을 늘린 것은 전전과 전후 세대라는 점에 주목해야 합니다. 현재 90세에 가까운, 즉 다이쇼 시대(1912~1926년)부터 쇼와 시대(1926~1989년) 초기에 태어난 분들입니다. 이들은 밥과 미소시루(일본식 된장찌개), 생선구이, 채소절임 등 현재의 일반적인 식사와는 다른 전통적인 일본식을 했으며, 가공식품도 거의 먹지 않았습니다.

식생활 변화와 함께 늘어난 암

일본인은 최근 40년간 쌀과 채소 섭취량이 절반으로 줄어들었으며 고기, 우유, 유제품, 유지류 섭취량은 약 3~4배 증가했습니다(161쪽). 이러한 식생활의 변화는 질병의 증가와 밀접한 관련이 있습니다.

평균 수명이 50대였던 1950년 무렵으로부터 약 60년이 지난 현재 일본인의 사망 원인은 크게 변화했습니다. 특히, 사망률 1위인 암이 계속 증가하고 있는 추세입니다.

2007년 암 환자는 1975년에 비해 약 3배, 암으로 인한 사망자는 약 2.5배 증가했습니다. 어린이와 청년층의 사망은 줄어들었으나 암으로 인한 장년층의 사망이 늘어난 것입니다. 따라서 식생활 개선을 통한 암 예방이 강하게 요구되고 있습니다.

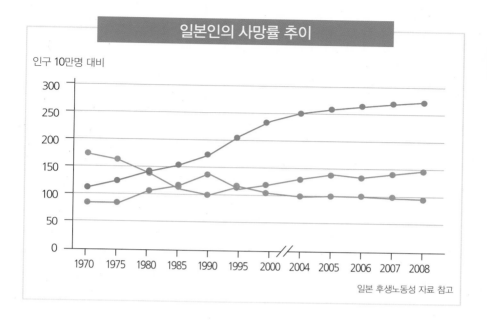

일본인의 사망률 추이

인구 10만명 대비

일본 후생노동성 자료 참고

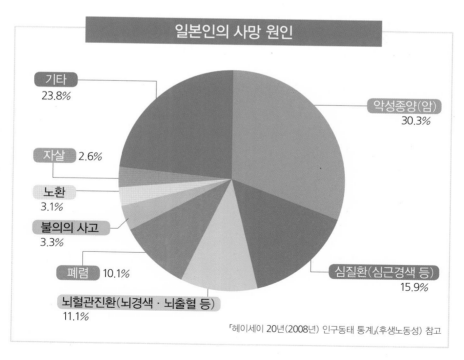

일본인의 사망 원인

기타
23.8%

자살 2.6%

노환
3.1%

불의의 사고
3.3%

폐렴 10.1%

뇌혈관진환(뇌경색 · 뇌출혈 등)
11.1%

악성종양(암)
30.3%

심질환(심근경색 등)
15.9%

「헤이세이 20년(2008년) 인구동태 통계」(후생노동성) 참고

세포 에너지를 만드는 구연산회로

암은 여러 원인이 뒤얽혀 발생한다

유전, 세균, 바이러스, 방사선, 자외선, 식품, 식품첨가물, 화학물질(발암물질) 등 암을 일으키는 원인은 다양합니다. 1981년 미국 국립위생연구소(NIH)에서 발표한 돌 박사의 통계에 따르면, 암은 약 50%가 식품 관련, 약 30%가 흡연으로 인해 발생하며 식품의 소화흡수나 대사 이상이 큰 원인이라고 합니다(158쪽).

생물은 살기 위해 필요한 것을 먹는다

인간이 살아가기 위해서는 식사를 통해 필요한 영양을 보충해야 합니다. 입으로 들어간 음식물은 위에서 소화되어 장으로 이동하고 소화효소로 분해된 후 다시 간으로 이동합니다. 간은 이것들을 체내에서 이용할 수 있도록 필요한 영양소로 전환시켜 혈액과 함께 전신으로 보냅니다.

각 기관에 도달한 영양소는 세포 내에서 미토콘드리아를 통해 에너지로 전환됩니다. 대사 과정에 생성된 노폐물은 땀이나 소변, 내쉬는 숨과 함께 체외로 배출되거나 신장으로 이동해 최종적으로 땀이나 소변, 대변으로 배출됩니다. 이러한 일련의 과정이 대사입니다. 남은 포도당과 당질은 에너지가 필요한 유사시에 대비해 지방세포에 축적되는데 지방세포에 지방이 과다하게 축적된 상태가 비만입니다. 비만은 대사증후군과 다양한 생활습관병을 일으키는 요인입니다.

구연산회로 속에서 에너지가 생성된다

미토콘도리아는 전신의 세포에 존재하는 기관으로, 구연산회로라는 에너지 발생 장치를 가지고 있습니다. 음식물을 분해해 얻어지는 영양소는 구연산회로에서 대사되어 ATP(Adenosine Triphosphate)를 생성합니다. ATP는 몸을 움직이고 세포를 만드는 생명활동의 에너지원으로 이용되는데 이때 암의 원인인 활성산소도 발생합니다.

에너지 생성 과정

식사를 통해 생명활동에
필요한 영양을 섭취한다

체내에서 소화 · 흡수되어 포도당으로 전환된다
(부족할 때에는 지방, 단백질을 이용한다)

세포의 미토콘도리아 안에 있는
구연산회로에 삽입된다

내쉬는 숨, 땀, 소변과 함께
노폐물을 체외로 배출한다

호흡으로 산소를 받아들인다

물

구연산회로
(TCA회로)

다양한 효소와 비타민의 작용을 통해
변화하며, 최종적으로 다시 구연산으로
돌아간다. 이 과정에서 에너지(ATP)가
생성되는데 에너지 발생에는
효소가 필요하다.
물과 이산화탄소 등
노폐물이 생긴다.

효소

이산화탄소

에너지발생

활성산소 발생

「헤이세이 20년(2008년) 인구동태 통계(후생노동성) 참고

암의 원인은 대사이상

구연산회로가 원활하게 작동하면 암이 낫는다

암은 장기에 있는 세포에 발생하므로 암이 생긴 부분의 병변으로 여기기 쉬우나 최근 들어 만성 대사 장애에 따른 질병으로 밝혀지고 있습니다. 원인은 다음과 같습니다.

❶ 염분 과다 섭취로 인한 세포 내 미네랄 불균형
❷ 구연산회로의 이상으로 인한 ATP 에너지 부족
❸ 동물성 식품(사족보행 동물)의 과다 섭취
❹ 활성산소로 인한 부작용

❶의 세포 내 미네랄 밸런스는 나트륨과 칼륨이 관계하고 있습니다. 세포 속에 염분(나트륨)이 많아지면 발암이 촉진되는데 이와 관련해서는 168쪽, ❸과 ❹에 대해서는 170~173쪽을 참고하길 바랍니다. 와타요식 식사요법은 ❷의 ATP 부족에 따른 발암에 주목하고 있습니다. 프랑스 파리대학의 피에르 루스틴 박사는 구연산회로의 대사가 활발해지면 APT 발생이 촉진되며, 구연산회로가 제대로 작동하지 않아 ATP가 부족해지면 세포 내외의 미네랄 밸런스가 무너져 암이 발생한다는 사실을 밝혀냈습니다.

이와 같이 암과 구연산회로는 밀접한 관련이 있어 구연산회로를 정상적으로 작동하게 하는 영양소가 없으면 암이 발생할 수 있습니다.

구연산회로를 원활하게 하는 영양소

구연산회로를 원활하게 작동시키는 데에는 비타민B1, 비타민B2, 나이아신, 판토텐산, 비오틴 등 비타민B군(73쪽)이 필수적입니다. 비타민B군이 부족하면 구연산회로가 정상적으로 돌아가지 않아 암뿐만 아니라 다양한 질병이 발생할 수 있습니다.

각기병이 대표적인 예입니다. 각기병은 최근에는 거의 발병하지 않지만 비타민B1이 부족해 심부전이나 말초신경 장애가 일어나는 질병으로, 일본에서는 에도 시대에 주식을 현미에서 백미로 바꾼 부유층들에게서 확산되었다고 합니다.

따라서 구연산회로를 원활하게 작동시키기 위해서는 비타민B군 함유량이 많은 식품을 먹어야 합니다. 비타민B군은 일반적으로 동물성 식품에 많이 함유되어 있으나 되도록 식물성 식품을 통해 섭취하는 것이 좋습니다. 주식을 현미로 바꾸거나 대량의 채소와 과일을 주스로 만들어 마시는 것을 추천합니다. 주스로 만들면 많은 양을 섭취할 수 있으며, 항산화 물질에 따른 항암 효과도 볼 수 있습니다.

구연산회로를 원활하게 작동시킨다

구연산회로는
선풍기와 같다

잘 돌아갈수록 에너지가
효율적으로 생성된다

구연산회로의 이상을 일으키는 요인
❶ 미네랄 밸런스의 불균형
❷ 비타민B군의 부족

세포의 미토콘도리아 안에 있는
구연산회로에 삽입된다

파워 업!

구연산회로가
원활하게 돌아간다

ATP가
효율적으로
생성된다

167

염분 과다 섭취가 암을 일으킨다

나트륨과 칼륨의 균형이 포인트

동물의 세포 속에는 칼륨이 풍부하고 나트륨은 아주 소량 함유되어 있습니다. 반면, 세포의 바깥쪽, 즉 혈액과 림프액에는 칼륨이 적고 나트륨이 많습니다. 이러한 미네랄(전해질) 밸런스는 모든 생물이 거의 일정한 형태를 나타냅니다.

생물은 바다의 생물이 진화해 육지로 진출한 후 아득한 시간동안 진화를 거듭해 왔습니다. 따라서 염분이 없는 육지에서 살아남기 위해 생물은 소금을 체내에 축적하고 혈액이라는 바다와 같은 pH 시스템을 만들었습니다.

과거에는 자연식품을 먹어 염분을 과다 섭취할 일이 없었으나 현재는 소금과 가공식품을 쉽게 구할 수 있게 됨에 따라 염분의 과다 섭취로 인한 암과 고혈압이 빈번하게 발생하게 되었습니다.

나트륨 밸런스가 무너지는 암세포

염분의 과다 섭취 또는 다른 어떤 원인으로 세포 내 나트륨 농도가 상승하면 세포가 상하거나 노화되어 질병이 발생하고 암세포로 변화하게 됩니다.

반대로 미네랄 밸런스가 정상화되면 암도 개선됩니다.

미네랄 밸런스를 유지하기 위해서는 세포 표면의 막에 있는 효소가 필수적으로 필요합니다. 효소는 세포 안에 머무르려는 나트륨을 세포 밖으로 내보내고 세포 밖에서 안으로 칼륨을 끌어들이는 작용(능동수송)을 하기 때문입니다. 암세포는 효소의 작용이 약 20% 저하되나 칼륨을 섭취하면 다시 활성화되는 것으로 최근 밝혀졌습니다.

아울러 나트륨과 칼륨의 세포 내 수송은 구연산회로에서 생성된 ATP를 에너지로 삼는 것으로 파악되고 있습니다. 따라서 나트륨 과잉 섭취와 ATP 부족이 동시에 발생하면 발암 위험성이 더욱 높아진다고 할 수 있습니다.

위암과 염분은 관련이 있다

식사를 짜게 하면 위액과 혈중 나트륨이 증가해 위암에 걸릴 확률이 높아진다고 합니다.
실제로 우리나라는 냉장고가 보급된 이후 위암 발병률이 하락했으며, 소금 사용량을 줄이면서 위암 환자가 감소했다고 합니다.
위암은 헬리코박터 파일로리라는 세균과 관련이 있습니다. 파일로리균은 위 속에서 위점막을 손상시키는 우레아제 효소를 만들어 위점막에 이상을 일으킵니다. 이에 따라 염분이 세포에 침투하기 쉬운 상태가 되어 위암이 발생할 확률이 높아지는 것입니다.

세포를 정상화하는 칼륨, 세포를 상하게 하는 나트륨

인체를 구성하는 약 60조개의 세포 속에 있는 미네랄은 대부분 칼륨이며, 나트륨은 칼륨의 1/14에 불과합니다. 칼륨을 많이 섭취하면 혈압이 개선되고 백내장이 예방될 뿐만 아니라 암 예방과 개선에도 큰 도움이 됩니다. 또 칼륨은 나트륨의 배설을 촉진하는 작용도 합니다.
따라서 칼륨을 많이 먹고 나트륨(식염) 섭취량을 최소화해 세포를 정상적인 상태로 유지해야 암을 예방할 수 있습니다.
칼륨은 채소와 과일에 많이 함유되어 있으므로 매일 주스로 만들어 섭취하도록 합시다.
체내에 다양한 악영향을 미치는 소금은 아예 먹지 않는 것이 좋지만 현실적으로 불가능하므로 하루 섭취량을 4g 이내로 제한하도록 합시다.

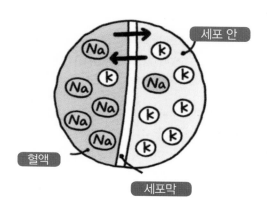

169

동물성 단백질과 암의 관계

동물성 단백질은 발암 위험성이 매우 높다

현대 일본인들은 육류 섭취량이 증가하고 있습니다. 육류는 물론 매력적인 맛을 가지고 있으나 육식 중심의 식생활은 발암의 큰 원인이 됩니다.

콜린 캠벨 교수는 저서 〈차이나 스터디〉에서 동물성 단백질은 모든 물질 가운데 발암성이 가장 높은 식재료라고 지적했습니다.

캠벨 교수는 간암을 유발하기 쉬운 아플라톡신B라는 독소를 이용해 실험을 진행했습니다. 쥐를 두 그룹으로 나눠 저단백식(5% 중량)과 고단백식(20%)을 각각 주입한 결과 고단백식 그룹의 간암 발생률이 저단백식 그룹의 3배에 달한 것으로 나타났습니다.

고단백식이 암을 유발하는 이유

동물성 단백질은 위액과 췌액 등으로 소화되어 더욱 작은 분자로 분해된 후 소장에서 흡수되어 간으로 이동합니다. 간은 이를 체내에서 이용할 수 있는 단백질로 대사하는데 이때 간세포 안에서 여러 효소가 활성화되고 효소 활성이 높아지면 암이 발생하게 됩니다. 암 수술이나 화학요법을 받아 체력과 면역력이 떨어진 환자가 동물성 식품을 먹으면 조기에 간으로 전이될 수 있으며, 만성 간염 환자 또한 간암에 걸릴 확률이 높습니다. 따라서 이런 사람들은 동물성 식품을 피해야 합니다. 다만, 모든 동물성 식품이 아니라 돼지, 소, 양 등 사족보행 동물의 고기를 피하는 것이 좋은데 이는 지방의 양·질과 관련이 있습니다(172쪽).

암을 일으키는 활성산소

체내에 악영향을 미치는 활성산소, 암과 노화의 원인

활성산소는 암을 시작으로 모든 생활습관병을 일으키는 요인으로 주목받고 있습니다.
사람은 식사로 섭취한 영양을 구연산회로에서 연소해 에너지를 얻습니다(164쪽).
구연산회로는 산소를 이용해 효율적으로 에너지를 생성하는 "산화" 작업을 진행하는데
이때 활성산소가 발생합니다.
활성산소는 매우 불안정한 물질로, 주변 세포를 손상시키는 강한 산화력을 가지고 있습니다.
산화란 알기 쉽게 설명하면 자동차 와이퍼를 오래 사용해 고무 부분이 마모되는 것과
같습니다. 혈관도 활성산소가 많을수록 약해지기 쉬우므로 체내에 활성산소가 많이 축적되면
암을 시작으로 다양한 생활습관병의 위험성이 높아지고 노화도 빨라집니다. 또 활성산소에
의한 유전자 손상도 암을 유발하는 큰 요인입니다. 그러나 살아있는 한 활성산소는 계속
생성되며, 활성산소의 독이 병원체를 퇴치하는 역할을 하므로 일정량은 필요하다고 할 수
있습니다.

활성산소를 제거하는 항산화 물질

체내에는 활성산소에 따른 부작용을 최소화하는 시스템이 있어 활성산소가 생성되거나
활동하면 해당 효소가 작용해 활성산소를 바로 제거합니다. 그러나 이 시스템은 나이가
먹으면서 쇠퇴할 뿐만 아니라 자외선을 오랫동안 쐬거나 흡연, 스트레스, 과격한 운동,
과도한 음주, 농약이나 식품첨가물, 산화된 오래된 기름 등으로 인해 체내에서 대량의
활성산소가 발생하면 처리능력이 초과됩니다.
이 상태를 방치하면 활성산소를 제거해야 할 시기를 놓쳐 암이 발생하게 됩니다.

항산화력이 강한 물질을 섭취한다

동물성 지방도 발암 위험성이 높다

활성산소의 부작용 가운데 가장 큰 문제는 지방이 산화될 때 생기는 과산화지질입니다. 과산화지질 중에는 유전자를 손상시켜 암을 유발하는 것이 있으며, LDL콜레스테롤이 산화되어 생기는 산화LDL은 동맥경화를 일으키고 면역력을 저하시킵니다.

특히, 사족보행 동물은 잘 산화되는 포화지방산을 풍부하게 함유하고 있어 많이 섭취하면 체내에 산화LDL이 늘어납니다. 정어리, 고등어 등 등 푸른 생선도 포화지방산이 많지만 동맥경화를 예방하는 EPA와 DHA를 함유하고 있으므로 신선한 것을 섭취하면 됩니다(암 치료 중인 경우에는 제한).

LDL콜레스테롤은 사족보행 동물 과다 섭취 등의 영향으로 증가하면 혈관벽 내로 들어가 활성산소에 의해 산화되어 유해한 산화LDL로 변화합니다.

산화LDL은 면역세포인 대식세포가 퇴치하지만 대식세포 또한 능력이 한계치에 이르면 파열되어 혈관벽에 쌓여 동맥경화를 일으킵니다. 또 동맥경화가 진행되면 대식세포가 줄어들어 면역력이 떨어짐으로써 암에 걸릴 확률이 높아집니다.

따라서 동물성 지방의 섭취를 자제하는 것이 매우 중요합니다.

채소와 과일을 많이 먹어 항산화 물질을 섭취하자

채소와 과일은 항산화 물질을 풍부하게 함유하고 있습니다. 항산화 물질은 암을 유발하는 활성산소를 제거하는 작용을 합니다. 이를 파이토케미칼(80쪽)이라고 하며 암 예방에 필수적인 요소로 주목받고 있습니다. 비타민A(카로틴), 비타민C, 비타민E는 항산화 작용이 강한 비타민으로, 암 예방의 에이스로 불리고 있습니다.

또 신선한 채소와 과일은 다양한 효소를 활성이 높은 상태로 함유하고 있습니다. 이러한 효소도 몸을 건강하게 하고 면역력을 높이는 데 도움이 됩니다.

항산화 물질, 효소와 비타민, 미네랄은 상호 작용을 통해 면역력을 높이고 암을 예방합니다.

채소와 과일에 함유된 효소와 비타민은 파괴되기 쉽고 자르거나 씻거나 가열하면 손실될 가능성이 있으므로 되도록 생으로 먹는 것이 좋습니다. 그러나 생으로는 한 번에 많은 양을 먹을 수 없으므로 와타요식 식사요법에서는 주스로 만들어 마시는 것을 권장하고 있습니다.

암 예방의 포인트

동물성 식품을 먹지 않는다(절제한다)

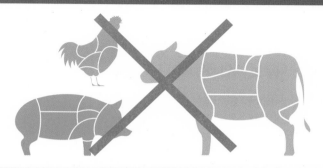

대량의 채소와 과일을 먹는다

매일 갓 만든 주스를 마신다

자연치유력을 향상시키는 식생활

질병의 예방 · 치료는 자연치유력이 담당한다

자연치유력은 암을 예방하고 치료할 때 필수적입니다. 인간은 원래 질병을 예방하거나 치료하는 힘(자연치유력)을 가지고 있어 자연치유력이 떨어지면 암에 걸릴 확률이 높아지고 치료 효과도 얻기 어려워집니다.

자연치유력은 면역력이 중심을 이루고 있습니다. 면역의 주요 임무를 담당하는 것은 백혈구로, 혈액 1㎖당 약 5000~8000개가 있으며 과립구, 림프구, 대식세포로 크게 분류됩니다.

과립구는 입자가 큰 세균이나 죽은 세포를 잡아먹고, 대식세포는 과립구가 처리하지 못하는 세균을 잡아먹으며, 림프구는 바이러스 등 입자가 작은 이물질을 잡아 처리합니다. 또 대식세포는 인터류킨, 인터페론, TNF(종양괴사인자)와 같은 사이토카인을 생산합니다. 사이토카인은 백혈구를 비롯한 면역세포를 도와 암 퇴치를 돕습니다.

암 예방 · 치료에는 NK세포가 필수

면역세포 가운데 림프구의 일종인 NK(Natural Killer) 세포는 특히 암과 관계가 깊습니다. NK세포는 암세포 막에 퍼포린이라는 단백질을 쏘아 죽이는 역할을 합니다.

건강한 사람이라도 체내에서 암을 일으킬 수 있는 싹이 매일 3000~5000개 이상 생성된다고 합니다. 그러나 면역력이 충분하면 암은 발생하지 않습니다.

면역력은 암 예방 뿐만 아니라 치료와도 관계가 있습니다. 암 치료방법은 수술, 방사선, 항암제가 있는데 모두 암세포를 공격함과 동시에 정상세포도 손상시킵니다. 이때 면역력이 낮으면 치료보다 피해를 입는 부분이 많아지므로 암을 치료할 때에는 환자의 체력과 면역력을 고려해야 합니다.

암 치료에 중요한 역할을 하는 면역력은 식품에 따라 높아지기도 하고 낮아지기도 합니다. 예를 들어 동물성 지방을 과다 섭취하면 대식세포가 헛되이 사용되어(172쪽) 면역력이 저하됩니다.

반면, 면역력을 높이는 식품도 있습니다. 채소와 과일을 많이 먹으면 면역력이 향상되며, 현미, 알뿌리류, 버섯류, 해조류 등도 면역력 향상 및 암 예방에 효과적입니다(제3장 참조).

식품의 암 예방 작용에 대한 연구가 진행됨에 따라 유산균(요구르트)을 먹으면 NK세포가 활성화된다고 밝혀진 바 있습니다. 또 버섯류에 함유된 베타글루칸은 림프구를 강화하고, 해조류에 함유된 후코이단은 인터로이킨 생산을 촉진해 면역력을 높이는 작용을 합니다.

따라서 이러한 식품을 적극 섭취하면 암 체질에서 벗어날 수 있습니다.

면역세포의 기능

세균을 잡아먹는 과립구

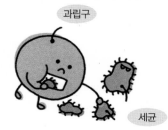

이물질을 죽이고 과립구나 림프구에 정보를 보내는 대식세포

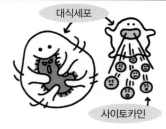

바이러스, 암세포를 죽이는 림프구

매일 마시는 물은 안전한 것으로

수돗물의 위험성, 건강을 위한다면 정수기를

인체의 60~70%는 수분으로 이루어져 있으며, 체내 수분은 ❶영양분 등을 세포로 운반하는 기능, ❷노폐물을 체외로 배설하는 기능, ❸체온을 조절하는 기능을 합니다.

우리는 땀 800㎖, 소변 1200㎖, 대변 150㎖, 날숨 350㎖로 하루 평균 2.5ℓ의 물을 체외로 배출합니다. 따라서 수분이 부족하지 않도록 매일 배출량과 같은 양의 물을 마셔야 합니다.

특히, 안전한 물을 마셔야 암을 예방할 수 있습니다.

수돗물은 오염이나 잡균을 제거하기 위해 염소를 투입합니다. 투입량은 수원과 정수장 상태에 따라 상이하나 모든 수돗물에는 염소가 남아있으며, 이를 잔류염소라고 합니다.

잔류염소는 발암성 물질인 트리할로메탄을 만듭니다. 또 수돗물의 염소는 채소와 과일의 비타민을 파괴하고, 사람의 살갗을 거칠어지게 한다는 연구결과도 있습니다.

아울러 현재는 금지되고 있으나 예전에는 수도관에 아연을 사용하기도 했습니다. 아연은 체내에 과잉 축적되면 뇌와 신장에 악영향을 미칩니다. 따라서 수돗물을 마시는 것은 몸에 좋지 않다고 할 수 있습니다. 최근에는 다양한 종류의 정수기가 판매되고 있으므로 정수기를 이용하는 편이 좋지 않을까요?(다음 쪽)건강과 질병 예방을 위해서도 몸에 들어가는 물은 안전한 것이 바람직합니다.

체력이 약할 때에는 자연수가 좋다

건강한 사람은 그다지 신경 쓰지 않아도 상관없지만 암 환자 또는 수술한 환자는 자연수나 정수기 물을 마시길 바랍니다.

자연수는 가공 · 오염되지 않은 표면수 또는 지하수로, 다양한 종류가 판매되고 있습니다.

❶ Natural Water 특정 수원의 지하수로, 여과 · 가열살균 처리한다.
❷ Natural Mineral Water 특정 수원의 지하수로, 지층의 무기염류가 녹아있다. 가열살균 처리하지 않는다.
❸ Mineral Water 여러 종류의 Natural Water를 섞어 여과 · 가열살균 처리한다.
❹ Bottled water 수원이 지하수가 아닌 물로, 살균 처리한다.

특히, 암 치료 중인 사람이나 체내 항산화 기능이 저하된 고령자는 가열 처리하지 않은 Natural Mineral Water를 마시는 것이 좋습니다.

주요 정수기

수도꼭지용 타입

- 염수도꼭지 끝에 설치하는 간편한 정수기. 가격은 저렴하지만 필터를 자주 교환해야 한다.

탁상형 정수기

- 수도꼭지에서 정수기로 물을 보내 정수기를 통해 정수가 나오는 타입과 정수가 다시 수도꼭지로 돌아가 수도꼭지를 통해 나오는 타입이 있다. 싱크대 위에 정수기를 둘장소가 필요하다.

빌트인형

- 싱크대 아래에 설치한다.
  신축할 때 기본적으로 설치되어 있는 것이 많다.

수도관 직결형

- 수도관에 직접 연결하는 타입. 마시는 물 뿐만 아니라 목욕물 등도 정화된다. 1,000만원을 호가하는 제품도 있다.

매일 마시는 주스가 체질 개선의 키포인트

식사요법으로 암을 고친다

일반적인 식사요법은 칼로리나 단백질 섭취량을 숫자 단위로 세세하게 제한하는 형태가 대부분입니다. 그러나 식사요법은 이러한 현대 영양학의 식사요법과 다릅니다.

식사요법은 영양을 숫자나 영양소로 고려하지 않고 동물성 단백질과 지방, 염분을 제한하면서 대량의 채소와 과일을 섭취함으로써 체내 대사를 정상화하는 것을 목표로 하고 있습니다.

환자들에게 식생활 개선의 기본방침(22쪽)을 설명한 후 이 범위 안에서 나름대로 조절해 식사요법을 지속하도록 합니다.

칼로리와 식재료의 양을 세밀하게 계산해야 하는 번거로움은 없으나 염분과 동물성 지방·단백질 등을 과감히 제한해야 합니다.

아울러 채소와 과일을 주스와 샐러드로 만들어 많이 먹어야 합니다.

암 환자들은 암이 발병하기 전 식생활을 보면 채소 섭취량이 부족하고 육류를 자주 섭취했던 사람들이 대부분입니다. 따라서 식생활을 대폭 개선해야 할 필요가 있습니다.

그러나 "좋아하는 것을 먹을 수 없다면 살아도 의미 없다"고까지 생각하며 식생활 개선을 견디지 못하는 사람도 있습니다.

암 치료는 엄격한 제한이 필요

기본방침을 지킨다

1.5 ~2ℓ
주스

현미

평생 지속할 필요는 없다, 최소 100일 동안 유지하자

좋아하는 음식을 전혀 먹지 못하는 것은 분명 힘든 일입니다. 그러나 평생 식사를 제한해야 하는 것은 아니므로 시도해 보기를 권유하는 바입니다. 반년에서 1년, 아니면 최소 100일로 기간을 설정한 후 경과가 좋으면 조금씩 완화해도 괜찮습니다. 상태에 따라서는 고기를 먹을 수 있게 되기도 합니다. 엄격한 식사 제한이라 하더라도 기간을 정해놓으면 적극적으로 시도할 수 있지 않을까요?

실제로 반년에서 1년 이상 식사요법을 지속하면 제법 체질이 개선됩니다. 동시에 암도 개선되므로 경과를 보면서 제한범위를 조금씩 완화할 수 있습니다. 물론 암이 발병하기 전과 같은 식사로는 완전히 돌아갈 수 없지만 "먹는 재미"를 어느 정도 되찾을 수 있습니다. 또 체질이 개선되면 전에 좋아했던 기름기 많은 음식이 싫어지거나 잘 먹지 못했던 채소가 맛있어지는 등 기호도 변화합니다. 이는 체내 대사가 원활해지면서 몸이 정상적인 상태로 회복됨에 따라 나타나는 결과입니다.

반년에서 1년에 걸쳐 체질이 개선되면 제한범위를 조금씩 완화해도 상관없으나 신선한 채소와 과일로 만든 주스는 계속 마시길 바랍니다.

재발을 예방하고 건강을 유지하기 위해서는 매일 주스 마시는 습관을 들이는 것이 좋습니다.

최소 100일간 지속한다

체질이 개선되면 조금씩 완화한다

식사요법의 기초는 신석기시대 식사법

식사요법의 기원은 신석기시대 식사법

식사요법을 고안할 때 암 식사요법 이외의 식사를 참고했습니다. 선사시대 중 기원전 13000년경부터 기원전 300년까지인 신석기 시대의 식사입니다.

일본 카고시마대학 의학부의 마루야마 이쿠로 교수는 일본인의 외견은 변했지만 몸의 구조나 체내 대사기능은 최근 수천년간 거의 변화하지 않았다고 주장하고 있습니다. 이른바 "신사복을 입은 신석기인"이라는 것이죠.

DNA 수준으로 생각해도 수천년 전부터 현재에 이르기까지 같은 DNA 정보가 이어져 내려오고 있습니다. 따라서 DNA에 새겨진 식사를 하려 한다면 신석기인 식생활을 떠올려야 하는 것이 맞지 않을까요?

하지만, 식생활을 수천년 전의 신석기 시대로까지 되돌릴 필요는 없습니다. 지금의 현대인은 식생활은 최근 수십년동안 급격하게 변화했기 때문입니다.

몸에 맞는 식사가 건강의 근원

신석기 시대의 쓰레기장이었던 조개더미에는 조개껍데기가 산처럼 쌓여 있습니다. 조개 이외에는 연어 등 생선류, 곡류, 채소, 살구나 사과, 감귤류 등으로, 신석기인들은 어패류, 해조, 곡류, 채소, 과일 중심의 식사를 한 것으로 파악됩니다.

식사요법은 동물성 지방의 과다 섭취를 개선하기 위해 육류를 절제하는 대신 어패류를 먹고 주식은 탄수화물 대사를 돕는 배아 성분(비타민B1)이 있는 현미로 하도록 합니다. 또 카로틴, 비타민C, 파이토케미칼 등 항산화 물질을 함유한 채소, 과일을 되도록 많이 먹고, 구연산회로를 방해하는 식염 섭취량을 가능한 한 억제합니다. 이러한 식사는 암은 물론 생활습관병 예방에도 도움이 됩니다.

이러한 식사는 특별한 것이 아닙니다. 누구나 마음만 먹으면 실천할 수 있으므로 암 체질을 개선하고 건강을 회복하기 위해 지금부터 식사요법을 시작하도록 합시다. 최근에는 질병 예방과 건강 유지를 위한 식품의 중요성이 재인식되고 있습니다. 그러나 저렴한 패스트푸드 등을 이용하는 사람들이 증가하고 있는 것은 부정할 수 없는 현실입니다.

예전에는 먹을 것이 없어 영양 부족으로 질병이 발생했으나 현재는 비타민, 미네랄 등 필수 영양소가 부족하고 동물성 식품과 염분, 식품첨가물이 가득한 가공식품 등 몸에 좋지 않을 것을 먹어 질병이 발생하고 있습니다.

그렇다면 대체 무엇을 먹어야 할까요? 최근에는 자기가 사는 땅에서 생산해 오래전부터 먹어 친숙한 음식이야말로 체질에 잘 맞는 건강식이라는 견해가 주류를 이루고 있습니다. "지산지소", "신토불이" 등이 대표적인 예입니다. 또 하우스보다는 노지재배 제품을 권장합니다. 건강한 식생활을 추구하다보면 결국 "옛날 그대로의 식사＝신석기"에 도달하게 될 것입니다.

식사요법의 기원은 신석기 시대

신석기 시대의 식사가
체질에 맞는 식사

현미식과 대량의
채소·과일이 기본

가공식품만 먹으면
암 위험성이 높아진다.

금주와 금연은 필수

술, 적당하면 약이 되지만 과음은 금물

술은 알맞게 마시면 어떤 약보다도 몸에 좋다는 말이 있습니다. 건강한 사람은 적당량을 마시면 건강에 도움이 되고 생활에도 활력을 주지만 알코올도 발암성을 가지고 있으므로 과음은 금물입니다.

세계보건기구(WHO)의 국제암연구위원회는 1988년 구강, 인후두, 식도, 간은 음주로 암이 발생할 가능성이 있으므로 "알코올은 발암성이 있다"는 결론을 내렸습니다. 알코올이 점막에 직접 작용해 손상을 입혀 암을 일으키는 것으로 판단되고 있습니다.

또 알코올을 많이 섭취하면 간에 부담이 됩니다. 알코올은 간에서 알코올 탈수효소의 작용에 따라 독성이 있는 아세트알데히드와 초산으로 분해된 후 다시 물과 탄산가스로 분해되어 체외로 배출됩니다.

아세트알데히드는 숙취를 일으키는 물질임과 동시에 발암과도 관련이 있습니다. 따라서 과음으로 간이 망가진 사람은 간염과 간암이 발병하기 쉬우며, 과음하지 않는 사람이라도 주의해야 합니다. 또 처음에는 술이 약했는데 마시면서 강해지는 사람들은 인후와 식도암에 걸릴 위험성이 수십배 높아진다는 지적도 있습니다. 따라서 음주는 되도록 자제하는 것이 좋습니다.

백해무익한 담배, 건강을 위해 금연을

담배는 알코올보다 더 위험합니다. 담배 연기에는 400종 이상의 화학물질이 함유되어 있으며 최소 200종 이상이 유해물질입니다. 담배 연기에 함유된 유독물질 가운데 타르, 니코틴은 특히 발암과 밀접한 관련이 있는 것으로 밝혀졌습니다.

흡연으로 발병하는 암으로 대부분 폐암을 떠올리지만 폐암 이상으로 인후암이 많고 구강암도 폐암과 같은 수준의 위험성이 있다고 합니다. 이밖에 식도암, 간암, 위암, 췌장암 등 대부분의 암에 걸릴 확률이 높아지는 것으로 나타나고 있습니다.

습관적으로 흡연하는 사람들은 조금씩 줄어들고 있으나 40~69세 남성은 3명 가운데 1명이 흡연을 하고 있으며, 여성 흡연율도 10% 수준에 달하고 있습니다. 건강을 생각한다면 금연하도록 합시다.

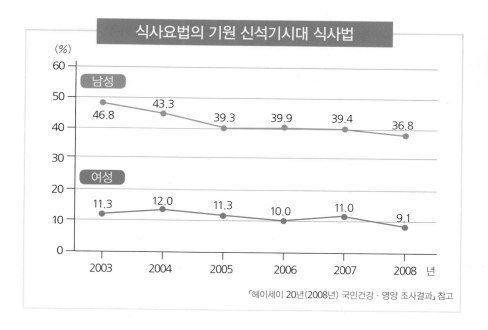

식사요법의 기원 신석기시대 식사법

(%)

남성
46.8　43.3　39.3　39.9　39.4　36.8

여성
11.3　12.0　11.3　10.0　11.0　9.1

2003　2004　2005　2006　2007　2008　년

「헤이세이 20년(2008년) 국민건강 · 영양 조사결과」 참고

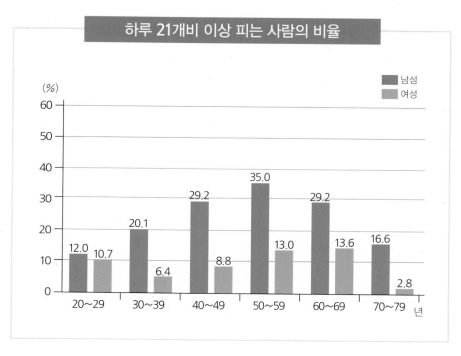

하루 21개비 이상 피는 사람의 비율

■ 남성
■ 여성

(%)

20~29　30~39　40~49　50~59　60~69　70~79　년

12.0　10.7
20.1　6.4
29.2　8.8
35.0　13.0
29.2　13.6
16.6　2.8

「헤이세이 20년(2008년) 국민건강 · 영양 조사결과」 참고

사족보행 동물의 유류가 좋지 않은 이유

"사족보행 동물이 좋지 않은 이유"

식사요법은 사족보행 동물의 섭취를 제한합니다. 이는 암을 일으키는 동물성 단백질과 지질의 과다 섭취를 막기 위해서입니다. 그러나 세포를 만드는 단백질을 전혀 섭취하지 않는 것도 문제가 될 수 있으므로 닭 가슴살이나 흰 살 생선을 먹을 것을 권장합니다. 등 푸른 생선이나 새우, 오징어, 문어와 같은 갑각류는 양에 유의해 소량만 먹도록 합시다.

포화지방산, 불포화지방산 모두 지질이 적은 것은 먹어도 상관없지만 소와 돼지는 지질이 많습니다. 지질 중에서도 특히 포화지방산이 많으면 체내에서 산화되어 과산화지질로 변해 동맥경화가 발생하며 결과적으로 암에 걸릴 수 있습니다. 따라서 동물성 식품 중에서도 사족보행 동물은 특히 제한하는 것입니다.

주요 동물성 식품에 함유된 지질의 종류

(100g당)

종류	포화지방산	일가불포화지방산	다가불포화지방산
소 등심(비계 포함)	16.29g	25.05g	1.12g
소 안심(살코기)	5.79g	6.90g	0.49g
돼지 등심(비계 포함)	8.97g	9.86g	2.25g
돼지 다리살(살코기)	1.74g	2.22g	0.48g
닭 다리살(껍질 포함)	4.30g	6.61g	1.82g
닭 가슴살(껍질 없음)	0.40g	0.62g	0.42g
닭 가슴의 연한 살	0.17g	0.20g	0.13g
정어리	3.84g	2.80g	3.81g
전갱이	0.86g	0.81g	0.95g
도미	1.47g	1.59g	1.38g
대구	0.03g	0.03g	0.07g
꽃새우	0.03g	0.05g	0.06g

「오정증보일본식품성분표」 참고

제5장

식품의
안전을
고려하다

농약의 위험성

효율적인 수확에는 필요하나 인체에는 악영향

우리가 일반적으로 구입하는 채소와 과일에는 농약이 사용되고 있습니다. 농약은 살충, 살균, 작물의 질병 예방, 제초 등을 위해 사용되어 농작물 재배자의 부담을 대폭 줄여주고 품질과 생산성을 향상시키는 등 큰 공헌을 합니다.

그러나 농약은 해충, 잡초 등 생물이나 식물을 죽이는 것입니다. 인간은 벌레와 식물과는 다른 생명체이지만 같은 생물임에 틀림없습니다. 따라서 농약이 인체에 아무런 영향을 미치지 않는다고 할 수 없겠죠.

농가에서는 자신들이 먹는 작물에는 농약을 조금만 사용해 출하용 작물과는 별도로 재배하는 경우도 있다는 이야기가 있습니다. 농약은 분명 편리한 물질이지만 위험성을 알아두는 것이 좋습니다.

잔류농약을 어떻게 줄일 수 있을까

일본은 일정한 기준을 충족시켜 안정성이 확인된 농약을 사용하고 있습니다. 그러나 완벽하지는 않아 예전에 이용했던 농약의 위험성이 발각되어 그 이후에 사용이 금지된 사례도 있습니다. 현재는 "독물 및 극물 단속법"에 따라 특정 독물, 독물, 극물로 지정되어 사용이 금지된 농약도 적지 않습니다.

독성이 있는 농약 중에는 발암성, 최기형성(태아에 미치는 영향)이 있거나 대량 섭취하면 사망 또는 중독 증상을 일으키는 것이 있습니다. 소량으로는 심각한 증상이 나타나지 않지만 농약이 알레르기 증상이나 화학물질 과민증을 유발하는 요인이라는 의견도 있습니다.

일반적으로 판매되고 있는 채소와 과일에는 농약이 30~40% 비율로 잔류되어 있다고 합니다. 정부가 농약을 살포하는 양과 횟수를 규제함에 따라 일정 기준이 유지되고 있으나 되도록 체내에 들어가지 않도록 하는 것이 좋겠죠? 잔류농약은 물로 잘 씻으면 제거됩니다. 그러나 잘라서 씻으면 비타민이 파괴되므로 껍질을 벗기지 않고 되도록 통째로 씻도록 합시다.

최근에는 소비자의 식생활 안전에 대한 의식이 높아짐에 따라 농약과 화학비료를 사용하지 않는 유기농 채소가 증가하고 있습니다. 일본에서 유기JAS마크가 붙어있는 농산물은 2년 이상(다년생 식물은 3년 이상) 전부터 농약과 화학비료를 사용하지 않은 토지에서 재배된 것이며, 축산물은 사료로 유기농산물을 사용하고 야외에서 방목하며 항생물질 등을 사용하지 않은 등의 조건을 충족시키는 것입니다. 따라서 안전성을 판단하는 기준으로 고려할 수 있습니다.

다만, 수입 농산물이 문제입니다. 국내보다 기준이 낮은 국가에서 수입된 농산물 중에는 국내에서 사용이 금지된 농약이 발각되는 경우도 있습니다. 또 대두, 옥수수, 레몬, 오렌지, 밀가루, 감자, 체리 등은 장시간 저장 및 수송을 위해 수확 후에 곰팡이 방지제를 사용하는 경우가 있습니다. 특히, 바나나와 감귤류에는 발암성, 최기형성이 우려되는 OPP(Ortho Phenyl Phenol), TBZ(Thiabendazole)를 사용하므로 먹기 전에 잘 씻어야 합니다.
여러 위험성을 고려한다면 국산 유기농 채소를 먹는 것이 가장 바람직하다고 할 수 있습니다. 일반 채소에 비해 조금 비싸지만 라이프스타일과 건강 상태에 맞추어 검토하면 좋지 않을까요?

식품첨가물의 위험성

필요하지만 유해하기도 하다

가공식품을 만들 때 제조나 보존에 사용하는 조미료, 보존료, 착색료 등을 식품첨가물이라고 합니다.

식품첨가물의 안전성은 기본적으로 동물실험을 통해 확인됩니다. 그러나 천연소재를 사용한 첨가물은 안전성이 확인되지 않거나 지정되었음에도 발암성, 최기형성 등 위험성이 우려되는 것이 있습니다. 그러나 현대사회에서 식품첨가물을 사용하지 않은 식품만 섭취하는 것도 어려운 일입니다.

어느 식품첨가물이 위험한지 파악한 후 선택한다

식품첨가물은 위험성이 높은 것과 그다지 높지 않은 것이 있으므로 특히 위험성이 높은 것들을 알아두는 것이 좋습니다.

위험도는 "1=문제없음", "2=아직 안전성이 확인되지 않음", "3=가능하면 피하는 것이 좋음", "4=되도록 피해야 함"으로 분류됩니다.

위험도 4는 착색료인 타르색소, 보존료인 소르빈산, 발색제인 아질산나트륨 등, 위험도 3은 이스트푸드인 인산3칼슘, 탄산암모늄, 조미료인 L-글루타민산나트륨 등, 위험도 2는 감미료인 아스파르템, 착색인 코치닐, 증점제인 캐라지난 등입니다. 이를 참고해 위험도가 높은 식품첨가물이 함유된 식품은 되도록 먹지 않도록 주의하길 바랍니다.

190쪽에 언급한 것처럼 식품에는 원자재명과 원산지 등의 표시 의무가 있습니다. 표시된 원자재명을 보면 어떤 식품첨가물이 사용되었는지 알 수 있으므로 체크하는 습관을 갖도록 합시다.

주요 식품첨가물의 위험성

종류	명칭	위험도
감미료 감미료	자일리톨, 아스파탐, 스테비아, 감초	위험도2
	소르비톨	위험도1
착색료 착색료	타르색소	위험도4
	치자색소, 식용황색소, 코치닐	위험도2
보존료 보존료	소르빈산, 벤조산나트륨	위험도4
	이리단백추출물, 폴리리신	위험도2
증점제·안정제·겔화제·호료	펙틴, 카복시메틸셀룰로오스, 알긴산나트륨, 캐라지난	위험도2
산화방지제 산화방지제	에리소르빈산나트륨	위험도4
	비타민E, 비타민C	위험도1
발색제	아질산나트륨, 질산나트륨	위험도4
표백제	아질산나트륨, 차아황산나트륨	위험도4
곰방이 방지제	오르토페닐페놀, 디페놀	위험도4
이스트푸드 이스트푸드	브로민산칼륨	위험도4
	인산삼칼슘, 탄산암모늄	위험도3
산미료	구연산, 젖산	위험도1
조미료 조미료 조미료	5`-구아닐산이나트륨	위험도4
	L-글루타민산나트륨, 5`-이노신산이나트륨	위험도3
	글루타민산소다	위험도1
유화제	글리세린지방산에스터, 식물레시틴	위험도1
pH조정제	DL-사과산, 젖산나트륨	위험도1
품질개량제 품질개량제	폴리인산나트륨	위험도4
	탄산칼륨(무수)	위험도1
영양강화제	비타민A, 젖산칼슘	위험도1
기타	수산화나트륨, 활성탄, 액화 아밀라아제	위험도1

*식품첨가물에는 미량만 사용되므로 문제없는 것으로 알려져 있다.

189

식품 표시를 확인하자

소비자 의식 향상으로 상세해진 식품 표시

일본에서는 일반 소비자용 식품에 대해 JAS법, 식품위생법 등에 따라 규정된 항목을 표시하도록 의무화하고 있습니다. 품목에 따라 표시해야 하는 내용이 상이하나 농산물, 축산물, 수산물 등의 신선식품 가운데 팩에 담지 않은 것은 산지와 가격만, 팩에 담은 것은 판매업자의 이름, 유통기한, 소비기한 등을 표시해야 합니다. 가공식품은 상품명, 원자재명(모든 원자재를 사용비율이 높은 것부터 표시), 용량, 소비기한 또는 유통기한, 보관법, 제조자나 가공업자의 이름과 소재지 등을 표시해야 합니다.

가공식품은 식품첨가물을 사용하므로 과다 섭취하지 않도록 해야 합니다. 특히, 암 치료 중인 환자는 피하는 것이 좋습니다. 편리하다는 이유로 썰어서 파는 채소를 이용하는 사람도 있는데 이는 썬 후에 식품첨가물을 사용해 보존기간을 늘리는 가공식품입니다. 또 가공하면서 물로 씻을 때 비타민도 손실되므로 별로 권장하지 않습니다. 따라서 역시 신선한 것을 구입하는 것이 가장 좋다고 할 수 있습니다.

선택할 때 참고할 표시나 마크

농산물을 선택할 때에는 앞서 소개한 해섭(HASSP)인증마크를 참고하면 좋습니다. 농약과 화학비료 사용량을 관행 50% 이상 줄인 농작물에 표시하는 특별재배농작물도 있습니다. 이는 식품 표시에 있는 HP를 통해 농약 사용량을 확인할 수 있습니다.

수산물과 축산물은 수확한 지역명을 표시합니다. 최근에는 각 토지의 특산품을 브랜드화해 품질을 체크하기도 하므로 여러 정보를 활용하도록 합시다. 알레르기 물질을 함유한 경우도 표시합니다.

식품의 품질 표시

국산 밀가루 사용

명칭	쿠키
원자재명	국산 밀가루, 아몬드, 삼온당, 마가린, 버터, 유정란, 쇼트닝, 소금, 중탄산소다
용량	1매(20g)
유통기한	2010.02.10
판매자	○○○○ 주식회사 ○○시 ○○○동

식품첨가물은 중탄산소다 뿐

보관법에 대한 주의사항

※직사광선, 고온다습한 곳을 피하고, 풍미가 변하기 전에 드시기 바랍니다.

밀가루가 국산인지 아닌지 알 수 없다

명칭: 쿠키
원자재명: 밀가루, 식물유지, 치즈파우더,
　　　　　젖당, 버터밀크파우더, 설탕,
　　　　　유제품, 과당액당, 식염,
　　　　　팽창제, 유화제(대두 베이스)
용량: 10매
유통기한: 상자 바닥면에 표시
판매자: ○○○○ 주식회사
　　　　○○시 ○○○동

※직사광선, 고온다습한 곳을 피해 보관해 주세요.

식품첨가물

유통기한을 다른 곳에 표시하기도 한다

생산이력 시스템을 활용하자

어디에서 어떻게 생산되었는지 알 수 있다

최근 슈퍼 등에서는 "○○시의 ○○가 만들었습니다" 등과 같이 생산자 정보를 표시한 상품을 많이 볼 수 있습니다. 이처럼 상품의 생산, 제조·가공, 유통, 소매 경로를 밝혀 식품의 유통 이력을 추적할 수 있게 한 시스템을 식품 생산이력 시스템이라고 합니다.

이 시스템은 광우병 문제를 계기로 시작되었습니다. 외국에서 소고기가 원인인 BSE가 발병하자 2003년 "소고기 생산이력 시스템법"이 제정되었습니다. 이후 국산 소를 개체식별번호로 일괄 관리하게 되었으며 생산·유통 과정을 정확하게 파악할 수 있게 되었습니다. 무언가 문제가 발생하면 바로 유통경로와 생산현장을 파악해 신속하게 대응할 수 있게 된 것입니다.

소고기 이외에는 법제화되지 않았으나 청과물, 외식산업, 달걀, 조개류, 양식어, 김 등에 대해서는 가이드라인이 제정되어 이를 토대로 생산이력 시스템을 도입하는 기업이 증가하고 있습니다.

소비자 요구에 따라 확산되고 있다

생산이력 시스템을 확립하려면 생산자 측과 유통 과정에서 업무가 늘어날 수밖에 없습니다. 그러나 제대로 시행되면 각 상품이 어디에서 어떻게 생산·제조되었는지 파악할 수 있습니다.

어느 조사에 따르면, 소비자 가운데 90%는 생산이력 시스템을 중요하게 생각하고 있다고 합니다. 소비자에게 유익한 정보를 표시함으로써 안전한 식생활을 보장해 주기 때문이겠죠. 따라서 최근 PB(Private Brand)를 중심으로 생산이력 시스템을 도입하는 기업이 증가하고 있습니다.

같은 채소나 과일, 닭고기, 달걀이라도 재배 또는 사육 방식에 따라 품질이 달라집니다. 그러므로 생산이력 시스템을 활용해 안심하고 먹을 수 있는 안전한 식품을 선택하도록 합시다.

맺음말

최근 건강의 비결은 잘 먹고, 잘 자고, 원활한 배설에 있다고 보고 있습니다. 쾌적한 수면과 배설의 중요성은 말할 필요도 없으며 무엇보다 식생활이 건강의 기초라고 할 수 있습니다. 의료 현장에서는 다양한 질병, 즉 치료가 곤란했던 질병과 암이 식생활 개선을 통해 호전되는 사례를 발견할 수 있습니다.

제가 암 식사요법에 주목한 이유는 수술이나 항암제만으로는 암이 완치되지 않는다는 것을 오랜 기간 경험을 통해 느꼈기 때문입니다.
또 최근 세계 각국에서 이루어지고 있는 각 방면의 연구를 통해 암은 일종의 생활 습관병, 즉 만성대사 장애에 따른 질병이라는 것이 입증되기 시작했습니다. 따라서 체내 대사이상을 개선하지 않으면 암은 완치할 수 없습니다. 수술이나 방사선 치료를 통해 일부 암세포를 물리쳤다 하더라도 체내 대사이상을 고치지 않으면 또 재발하게 됩니다.

암 치료는 식생활(영양) 개선을 통한 체내 대사이상의 정상화, 면역력 향상이 절대적인 필수조건이라고 할 수 있습니다.

A Cancer Battle Plan, (David J.Fahm)이라는 책에는 골 전이를 포함한 전이 암이 있는 35세의 유방암 환자(저자의 아내)가 수술과 항암제 투여 후에 하루 15회 200㎖의 주스를 마시는 주스요법을 지속한 결과 6개월 만에 암이 완치된 사례가 게재되어 있습니다.

또 암 식사요법 가운데 100년의 역사를 가진 거슨요법, 50년간 식사요법을 보급하기 위해 노력해온 코다요법도 주스를 중심으로 하고 있습니다. 거슨요법은 하루 12회 갓 만든 주스를, 코다요법은 하루 4회 생채소즙이나 과즙을 마시도록 합니다. 신선한 주스는 암 식사요법의 기본이라고 해도 과언이 아닙니다.

세계암연구기금의 "영양과 암에 대한 정리"를 보면 채소와 과일이 어떻게 암 위험성을 낮추는지 알 수 있다고 합니다. 환자 중에도 대량의 주스를 마시는 식사요법을 통해 완치된 분이 있습니다. 유방암, 간암, 전립선암 등 다양한 암에서 대량의 주스를 통한 치료 효과를 실감하고 있습니다. 특히, 다른 의료기관에서 "몇 개월 밖에 남지 않았다"는 선고를 받은 환자가 완치된 사례도 있습니다.

재발 암, 진행 암이라도 포기하지 말고 지금부터 식사요법을 시작하시길 바랍니다.
암을 개선하기 위해서는 기본적으로 염분, 동물성 식품(사족보행 동물)의 섭취를 제한하고 아침에 한 번 갓 만든 주스로 대량의 채소와 과일을 먹어야 합니다. 높은 효과를 얻기 위해 식사요법을 엄격하게 지키며 반년 이상 지속해 보시길 바랍니다.

이 책이 한 명이라도 더 많은 암 환자들의 치유와 호전에 도움이 되기를 간절히 기원 하겠습니다.

세상의 존재하는
모든 암을 이기는
닥터 레시피